Johannes Gerbes
Christine Kramel
Thomas Stahl

**PRÜFUNG EXPRESS**

# GOETHE-ZERTIFIKAT C1

*Übungsbuch mit Audios online*
*Deutsch als Fremdsprache*

**Hueber Verlag**

Die Audiodateien finden Sie in der *Hueber Media*-App
und unter: www.hueber.de/pruefung-express

Sprecherinnen und Sprecher: Emanuele Banchio, Claus-Peter Damitz, Stefanie Dischinger, Fabian von Klitzing, Julian Manuel, Lucia Vitale, Dascha von Waberer, Léa Wegmann

Produktion: Atrium Studio Medienproduktion GmbH, München, Deutschland



3. 2. 1. | Die letzten Ziffern
2027 26 25 24 23 | bezeichnen Zahl und Jahr des Druckes.
Alle Drucke dieser Auflage können, da unverändert, nebeneinander benutzt werden.
1. Auflage

Umschlaggestaltung: Sieveking · Agentur für Kommunikation, München
Layout und Satz: Sieveking · Agentur für Kommunikation, München
Verlagsredaktion: Andreas Tomaszewski, Hueber Verlag, München
Druck und Bindung: Friedrich Pustet GmbH & Co.KG, Regensburg
Printed in Germany
ISBN 978-3-19-701651-1

Art. 530_28330_001_01

## Zur Reihe „Prüfung Express“

Sie haben Deutsch *gelernt* und wollen sich jetzt erfolgreich auf eine Prüfung vorbereiten? Sie *unterrichten* Deutsch, haben mit Ihrer Kursgruppe ein bestimmtes Niveau erreicht und wollen Ihre Lernenden erfolgreich auf die entsprechende Prüfung vorbereiten? Dann ist „Prüfung Express“ genau das Richtige für Sie.

„Prüfung Express“ informiert schnell und unkompliziert über die verschiedenen Prüfungen im Bereich Deutsch als Fremdsprache / Deutsch als Zweitsprache und bereitet effektiv auf die jeweilige Prüfung vor.

Jeder Band enthält zwei Modelltests mit allen Prüfungsaufgaben:

Modelltest 1: Hier lernen Sie die Prüfung kennen. Zu jeder Prüfungsaufgabe bekommen Sie Informationen zur Dauer, zu den Punkten und zum Aufgabentyp. Gleichzeitig erhalten Sie wertvolle Tipps und Tricks, die Ihnen zeigen, wie Sie die Prüfung erfolgreich bestehen können.

Modelltest 2: Hier üben Sie alles, was Sie im Modelltest 1 gelernt haben. Modelltest 2 ist eine Simulation der echten Prüfung.

Im Anhang finden Sie Hinweise zur Bewertung der Prüfung, Hilfen für die Module *Schreiben* und *Sprechen* (mit Listen nützlicher Ausdrücke) sowie kommentierte Lösungen und die Transkriptionen der Hörtexte.

Zu jedem Titel der Reihe „Prüfung Express“ gibt es eine App, mit der Sie die Audios zu den Prüfungsteilen *Hören* und *Sprechen* abspielen können. Die Audios finden Sie außerdem unter www.hueber.de/pruefung-express.

## Zur Prüfung *Goethe-Zertifikat C1*

Das Goethe-Zertifikat C1 ist eine international anerkannte Prüfung für Erwachsene. Es gilt als Nachweis von allgemeinsprachlichen Deutschkenntnissen auf weit fortgeschrittenem Niveau, der in zahlreichen Ländern Vorteile in der Arbeitswelt bringt sowie von einigen Hochschulen im deutschsprachigen Raum als Zulassungsvoraussetzung zum Studium anerkannt wird.

Um an der Prüfung erfolgreich teilzunehmen, sind ausreichende Sprachkenntnisse auf dem Niveau C1 erforderlich. Dabei spielt es keine Rolle, ob man diese in einem Sprachkurs oder auf einem anderen Weg erworben hat. Das Mindestalter für die Teilnahme an der Prüfung beträgt 16 Jahre.

Die Prüfung besteht aus den Modulen *Lesen*, *Hören*, *Schreiben* und *Sprechen*. Die Module können einzeln oder alle zusammen abgelegt werden. Falls man die Prüfung bzw. einzelne Module nicht besteht, ist eine Wiederholung jederzeit möglich.

Die vier Prüfungsmodule können weltweit an etwa 500 Prüfungsorten abgelegt werden. Die Prüfungen werden nach einheitlichen Standards durchgeführt. Genauere Informationen erhalten Sie auf der Homepage des Goethe-Instituts.

# INHALTSVERZEICHNIS

## Regeln in der Prüfung

Halten Sie sich unbedingt an die folgenden Regeln, ansonsten wird Ihre Leistung nicht gewertet und die Prüfung gilt als nicht bestanden.

*Das müssen Sie mitbringen:*
Ausweis, Kugelschreiber

*Das bekommen Sie:*
Aufgabenheft, Konzeptpapier, Antwortbogen

*Das dürfen Sie nicht mit in die Prüfung nehmen:*
Wörterbuch, Mobiltelefon oder andere elektronische Geräte, eigenes Papier

- *Schreibzeug*: Sie dürfen nicht mit Bleistift schreiben. Erlaubt sind Kugelschreiber, Füller, Faser- oder Gelstifte in Schwarz oder Blau. Manchmal bekommt man die Schreibmaterialien vor Beginn der Prüfung.
- *Mobiltelefon*: In der Regel müssen Sie Ihr Mobiltelefon vor der Prüfung abgeben. Wenn Sie das nicht tun, gilt dies als Täuschung.
- *Mogeln*: Jeder Täuschungsversuch führt automatisch zum Ausschluss von der Prüfung, z. B. wenn man ein Wörterbuch verwendet, mit anderen in der Prüfung zusammenarbeitet oder etwas von ihnen abschreibt. Die Prüfung ist dann nicht bestanden.
- *Antwortbogen*: Sie müssen Ihre Lösungen auf spezielle Antwortbogen übertragen. Lösungen, die nur auf den Aufgabenblättern notiert sind, zählen nicht! Achten Sie dabei auf die jeweilige Aufgabennummer, damit Sie nicht z. B. die Lösung von Aufgabe 10 bei Aufgabe 11 markieren.

## Ablauf der Prüfung

### Ablauf der schriftlichen Prüfungsteile

Die Prüfung besteht aus vier Modulen. Die Module können einzeln oder in Kombination abgelegt werden. Die schriftlichen Module dauern ohne Pausen insgesamt circa 180 Minuten. Werden die drei schriftlichen Module an einem Prüfungstermin angeboten, wird oft folgende Reihenfolge eingehalten: *Lesen – Hören – Schreiben*. Aus organisatorischen Gründen kann die Reihenfolge der Module vom jeweiligen Prüfungszentrum geändert werden.
Vor Beginn jedes Moduls werden das entsprechende Aufgabenheft und die Antwortbogen sowie Konzeptpapier ausgegeben. Die Teilnehmenden tragen alle erforderlichen Daten auf die Antwortbogen ein; erst dann beginnt die eigentliche Prüfungszeit.
Am Ende eines jeden Moduls werden alle Prüfungsunterlagen eingesammelt, auch das Konzeptpapier. Eine der Aufsichtspersonen informiert jeweils über den Beginn und das Ende eines Prüfungsmoduls.

### Ablauf des mündlichen Prüfungsteils

Das Modul *Sprechen* wird als Paarprüfung durchgeführt. Zur Vorbereitung auf die beiden Prüfungsaufgaben erhalten Sie 20 Minuten Zeit. Die Prüfung selbst dauert ungefähr 20 Minuten.
Sie werden von zwei Personen geprüft. Zu Beginn begrüßt Sie eine der beiden Personen und stellt die zweite Person vor. Anschließend werden Sie und Ihre Prüfungspartnerin / Ihr Prüfungspartner gebeten, sich ebenfalls vorzustellen. Dann wird die erste Prüfungsaufgabe erläutert.
In *Sprechen Teil 1* präsentiert zunächst einer der beiden Prüfungsteilnehmenden ein Thema und beantwortet Fragen der Prüfenden und der Prüfungspartnerin / des Prüfungspartners. Anschließend präsentiert die andere Prüfungspartnerin / der andere Prüfungspartner ein Thema und beantwortet ebenfalls Fragen.
Danach wird die zweite Prüfungsaufgabe erläutert.
In *Sprechen Teil 2* diskutieren die beiden Prüflinge gemeinsam ein Thema. Dabei kommentieren sie, begründen ihre Haltung, gehen auf die Situation in ihrem Heimatland ein, einigen sich auf Argumente etc.

## Die vier Module im Überblick

Auf der Niveaustufe C1 können Sie vier Prüfungsmodule ablegen.

- **Lesen**
- **Hören**
- **Schreiben**
- **Sprechen**

Die Module können einzeln, zusammen oder in unterschiedlichen Kombinationen abgelegt werden. Sie werden von zwei Personen unabhängig voneinander bewertet.
In jedem Modul können Sie maximal 100 Punkte erreichen. (In den Modulen *Lesen* und *Hören* gibt es für jede richtige Antwort 1 Punkt, insgesamt 30. Die Punktezahl wird mit 3,33 multipliziert: 30 Punkte x 3,33 = 100 Punkte). Die Bestehensgrenze liegt jeweils bei 60 % bzw. bei 60 Punkten.

| Modul | Teil | Texte | Punkte | Minuten |
|---|---|---|---|---|
| **Goethe-Zertifikat C1 Lesen**<br>*Zeit: 65 Minuten* | 1 | Populärwissenschaftlicher oder informativer Artikel | 8 | 10* |
| | 2 | Zeitschriftenartikel mit hohem Informationsgehalt | 7 | 20* |
| | 3 | Kommentar oder Reportage aus der Presse | 8 | 20* |
| | 4 | (Populär-)wissenschaftliche Beiträge | 7 | 15* |
| **Goethe-Zertifikat C1 Hören**<br>*Zeit: ca. 40 Minuten inklusive 3 Minuten zur Übertragung der Lösungen auf den Antwortbogen* | 1 | Radiobeitrag oder Podcast | 6 | 6 |
| | 2 | Interview mit einer Expertin / einem Experten | 9 | 12 |
| | 3 | (Radio-)Diskussion mit drei Personen | 8 | 6 |
| | 4 | Vortrag | 7 | 12 |
| **Goethe-Zertifikat C1 Schreiben**<br>*Zeit: 75 Minuten* | 1 | Diskussionsbeitrag in einem Online-Forum | 60 | 50* |
| | 2 | (Halb-)formelle Nachricht (E-Mail) | 40 | 25* |
| **Goethe-Zertifikat C1 Sprechen**<br>*Zeit: ca. 20 Minuten plus 20 Minuten Vorbereitungszeit* | 1 | Vortrag | 52** | 15 |
| | 2 | Diskussion | 32** | 5 |

* Diese Minutenangaben dienen für Sie zur Orientierung: Länger sollten Sie für den jeweiligen Teil nicht brauchen, sonst kommen Sie am Ende in Zeitnot und schaffen nicht alle Aufgaben.
** Dazu kommen für beide Prüfungsteile des Moduls *Sprechen* zusammen insgesamt 16 Punkte für die Aussprache: 52 + 32 + 16 = 100 Punkte

**WICHTIGE HINWEISE**

→ Sie müssen Ihre Lösungen innerhalb der Prüfungszeit auf die Antwortbogen schreiben.

→ Sie dürfen die Antwortbogen nicht mit Bleistift ausfüllen.

→ Konzentrieren Sie sich beim Ausfüllen der Antwortbogen, damit Sie nicht aus Versehen einen Fehler beim Übertragen der Lösung machen.

→ Wörterbücher, elektronische Geräte und andere Hilfsmittel sind in der Prüfung nicht erlaubt.

# MODELLTEST 1

## Informationen zum Modul *Lesen*

Das Modul *Lesen* besteht aus vier Teilen und dauert 65 Minuten. Sie lesen mehrere Texte und sollen dazu insgesamt 30 Aufgaben lösen. Für jede Aufgabe gibt es nur eine richtige Lösung. Für jede richtige Lösung erhält man 1 Punkt. Die Punkte werden mit dem Faktor 3,33 multipliziert, sodass maximal 100 Punkte (30 x 3,33) erreicht werden können.
Die Reihenfolge, in der Sie die einzelnen Teile bearbeiten möchten, können Sie selbst bestimmen.

Die Zeitangaben in der folgenden Tabelle dienen zu Ihrer Orientierung: Länger sollten Sie für die Bearbeitung der Aufgaben nicht brauchen, um nicht in Zeitnot zu geraten.

### Übersicht über die einzelnen Prüfungsteile

| Teil | Texte | Aufgaben | Punkte | Zeit (Empfehlung) | Ziel |
|---|---|---|---|---|---|
| **1** | Sie lesen einen populärwissenschaftlichen oder informativen Artikel aus einer Zeitung, einer Zeitschrift oder dem Internet mit 8 Lücken. | Multiple Choice: Sie wählen für jede Lücke eine passende Lösung aus einer Auswahl von jeweils 4 Wörtern bzw. Ausdrücken. | 8 | 10 Minuten | Sie zeigen, dass Sie über umfassendes Grammatik- und Wortschatzwissen verfügen und Lücken sinngemäß rekonstruieren können. |
| **2** | Sie lesen einen längeren wissenschaftsorientierten Zeitschriftenartikel. | Multiple Choice: Sie entscheiden, welche von 3 Optionen mit dem Inhalt des Textes übereinstimmt. | 7 | 20 Minuten | Sie zeigen, dass Sie in Texten sowohl die Hauptaussagen eines Textes erfassen als auch relevante Einzelinformationen verstehen können. |
| **3** | Sie lesen einen Kommentar oder eine Reportage aus der Presse. | Zuordnung: Sie rekonstruieren den Text, indem Sie 8 von 10 Sätzen der richtigen Stelle bzw. Lücke im Text zuordnen. | 8 | 20 Minuten | Sie zeigen, dass Sie Texte sowohl global als auch detailliert verstehen und Lücken sinngemäß rekonstruieren können. |
| **4** | Sie lesen 3 kurze Beiträge von Wissenschaftlerinnen und Wissenschaftlern. Dazu gibt es 7 Aussagen. | Zuordnung: Sie entscheiden, welche Aussagen jeweils zu den 3 Texten passen. 2 Aussagen lassen sich nicht zuordnen. | 7 | 15 Minuten | Sie zeigen, dass Sie in Texten sowohl die Hauptaussagen/Meinungen als auch relevante Einzelinformationen erfassen und entsprechend zuordnen können. |

**TIPPS**

→ Da Sie bestimmen können, in welcher Reihenfolge Sie die Aufgaben im Teil *Lesen* bearbeiten wollen, beginnen Sie am besten mit dem Teil, den Sie in der Vorbereitung am leichtesten fanden.

→ Lesen Sie die Aufgaben möglichst genau, aber die Texte nicht Wort für Wort.

→ Achten Sie auf die Zeit: Wenn Sie merken, dass Sie bei Texten oder Aufgaben nicht weiterkommen, machen Sie mit den nächsten weiter. Wenn Sie am Ende noch Zeit haben, können Sie sich die ungelösten Aufgaben noch einmal anschauen.

→ Vergessen Sie nicht, Ihre Lösungen auf den Antwortbogen zu übertragen, sonst bekommen Sie keine Punkte. Reservieren Sie etwas Zeit dafür, damit Sie nicht unter Zeitdruck aus Versehen einen Fehler beim Übertragen der Lösungen machen.

## Info

Dauer: ca. 10 Minuten
Text: Presseartikel
Aufgaben: 8
Punkte: 8

## Das muss ich tun!

Sie lesen einen populärwissenschaftlichen oder informativen Artikel mit 8 Lücken. Zu jeder Lücke gibt es 4 Lösungsmöglichkeiten, aus denen Sie eine (a, b, c oder d) pro Lücke auswählen müssen.

## Wie mache ich das?

1. Lesen Sie den Text auf Seite 10 möglichst schnell durch (ca. 1 Minute), damit Sie einen ersten Eindruck bekommen, worum es in dem Text geht. Wenn Sie beim Lesen spontan eine Idee für die Lösung einer Lücke haben, notieren Sie das Wort oder den Ausdruck.
2. Lesen Sie dann das Beispiel **0** auf Seite 11 und überlegen Sie kurz, warum **b** die richtige Lösung ist.
3. Lesen Sie nun den Text bis zur Lücke **1** und den folgenden Satz. Wählen Sie dann aus den vier Lösungsmöglichkeiten (**a**, **b**, **c** oder **d**) eine Lösung aus. Prüfen Sie dazu alle vier Antwortmöglichkeiten. Welche Antwortoption können Sie ausschließen? Was passt inhaltlich und grammatisch? Markieren Sie Ihre Lösung auf dem Aufgabenblatt.
4. Wenn Sie für Lücke **1** keine Lösung finden, machen Sie gleich mit Lücke **2** weiter, damit Sie nicht zu viel Zeit verlieren. Sie haben pro Lücke weniger als eine Minute Zeit.
5. Bearbeiten Sie die Lücken **2** bis **8** auf die gleiche Weise.
6. Sehen Sie sich jetzt die Lücken noch einmal an, für die Sie noch keine Lösung gefunden haben, und entscheiden Sie sich für eine Lösung.
7. Lesen Sie den ganzen Text noch einmal und überlegen Sie, ob er mit den eingefügten Wörtern sinnvoll und korrekt ist.
8. Übertragen Sie Ihre Lösungen auf den Antwortbogen.

### TIPPS

→ Die Aufgabe überprüft insbesondere Ihre Wortschatz- und Grammatikkenntnisse. Beachten Sie: Es können alle Wortarten vorkommen (Nomen, Verben, Adjektive, Adverbien, Präpositionen, Konnektoren).

→ Lesen Sie zuerst schnell den ganzen Text. Es fällt Ihnen leichter, die Aufgaben zu lösen, wenn Sie den Text als Ganzes global verstanden haben.

→ Lesen Sie den Satz mit der Lücke und auch die direkte Umgebung sehr genau, damit Sie die passende Lösung finden. Achten Sie sowohl auf grammatische als auch auf inhaltliche Zusammenhänge.

→ Manchmal bietet die direkte Umgebung der Lücken nicht genug Hinweise. Sehen Sie sich dann auch den Satz davor oder dahinter genauer an.

→ Überlegen Sie als ersten Lösungsschritt: Können Sie Antwortoptionen spontan ausschließen? Sie können diese durchstreichen, dann bleiben weniger Optionen übrig und Sie finden die richtige Lösung schneller. Verlassen Sie sich hier auch auf Ihr Sprachgefühl: Welche Option klingt richtig? Welche nicht?

→ Sehen Sie ganz genau hin: Oft unterscheiden sich die Antwortmöglichkeiten nur geringfügig. Achten Sie zum Beispiel auf Singular und Plural, Kasus und passende Präpositionen, feste Verbindungen mit Nomen und Verben.

→ Beachten Sie: Es gibt immer nur eine richtige Lösung.

→ Markieren Sie immer eine Lösung, auch wenn Sie sich nicht ganz sicher sind. Sie könnte ja richtig sein.

## Teil 1 vorgeschlagene Arbeitszeit: 10 Minuten

Sie lesen in einer Zeitschrift einen Artikel über die Arbeitswelt der Zukunft.
Wählen Sie für jede Lücke die richtige Lösung.

ARBEIT IM DIGITALEN ZEITALTER

# Wandel der Arbeitswelt

## Wodurch wird sich unsere Arbeitswelt von morgen auszeichnen?

Werden wir uns nur noch in virtuellen Räumen bewegen und von Zeit zu Zeit mit elektrisch angetriebenen Flugtaxis zu wichtigen Meetings einfliegen? Hat die klassische Bürozeit endgültig **Beispiel 0** und werden wir künftig rund um die Uhr erreichbar sein? Oder werden wir gar mit einem Cocktail in der Hand unsere Aufgaben unter Palmen **1 ...**, **2 ...** wir durch die neuen Technologien völlig ortsunabhängig arbeiten können?

Unbestritten ist, dass sich die Arbeitswelt im wohl stärksten Umbruch seit der industriellen Revolution befindet, denn der massive Digitalisierungsschub der letzten Jahre erfordert völlig neue Arbeitsstrukturen. Der englische Begriff „New Work" als Schlagwort ist zurzeit in aller Munde. Er beschreibt den strukturellen Wandel in unserer Arbeitswelt infolge der Digitalisierung. Aber es geht dabei nicht, wie oft missverständlich dargestellt, um schicke Architektur, tolle Büromöbel oder agiles Arbeiten. Der Ansatz ist vor allem **3 ...** die Arbeitsmotivation einzigartig, da er das Ziel verfolgt, eine stärker selbstbestimmte Arbeit zu erreichen. Die Beschäftigten sollen nicht nur einen tieferen Sinn in ihrer Tätigkeit sehen, sondern auch in die Lage versetzt werden, Leben und Arbeit nach individueller Vorstellung zu gestalten. **4 ...** verspricht man sich eine wachsende Loyalität zum Unternehmen, eine emotionale Bindung und intrinsische Motivation. Im besten Fall bedarf es dann auch weniger Management, sondern eher wirklich inspirierende Führung, **5 ...** Mitarbeiterinnen und Mitarbeiter zu Höchstleistungen zu bewegen. Somit umfasst „New Work" nicht nur neue Arbeits-, sondern auch neue Management-Methoden. Althergebrachte, strenge Hierarchien werden aufgebrochen und Führungskräfte agieren verstärkt in der Rolle von Mentorinnen und Mentoren. Sie geben ihren Mitarbeitenden mehr Freiraum und bewerten **6 ...** Arbeitsleistung ausschließlich anhand von Resultaten.

Es liegt auf der Hand, dass „New Work" große Vorteile für Arbeitnehmerinnen und Arbeitnehmer bietet. **7 ...** ist „New Work" mit seinen flexiblen Formen und der Forderung nach Eigenverantwortung nicht für jeden Persönlichkeitstyp geeignet. Eine Studie des Instituts für Arbeitsmarkts- und Berufsforschung **8 ...**, dass „Remote Work", also das standortunabhängige Arbeiten und das damit einhergehende „Work-Life-Blending" auch durchaus ambivalent eingeschätzt werden. Es bleibt also abzuwarten, wie stark sich diese neue Form der Arbeit durchsetzt.

## Teil 1

**Beispiel:**

| | | | | |
|---|---|---|---|---|
| **0** | a aufgehört | ☒ ausgedient | c ausgemacht | d ausgeübt |
| **1** | a ergänzen | b erledigen | c erstellen | d erzeugen |
| **2** | a damit | b denn | c obwohl | d weil |
| **3** | a mit Blick an | b mit Blick über | c im Hinblick auf | d in Hinblick für |
| **4** | a Dafür | b Dagegen | c Danach | d Davon |
| **5** | a damit | b für | c sowie | d um |
| **6** | a denen | b deren | c dessen | d seine |
| **7** | a Daher | b Dazu | c Dennoch | d Entsprechend |
| **8** | a belegt | b bezeugt | c erzeugt | d schreibt |

## Arbeit mit Textverweisen

Texte bestehen aus Sätzen, die inhaltlich und formal miteinander verbunden sind: inhaltlich durch den „roten Faden“, der sich thematisch durch einen Text zieht, und formal durch bestimmte sprachliche Mittel wie Konnektoren (*denn*, *dennoch*, *aus diesem Grund* etc.), Verweiswörter (*es*, *ihr*, *dies*, *damit* etc.), Präpositionen (*wegen*, *trotz*, *mithilfe* etc.) oder Adverbien (*hier*, *gestern*, *danach* etc.). Diese sprachlichen „Klebemittel“ geben dem Text eine logische Struktur und nehmen Bezug auf Informationen, die im Text bereits vorgekommen sind, oder verweisen auf Inhalte, die noch vorkommen werden.

### Beispiel: Lesen Teil 1 (Seite 10)

> Er [der Begriff „New Work“] beschreibt den strukturellen Wandel in unserer Arbeitswelt infolge der Digitalisierung. <u>Aber</u> es geht dabei nicht, wie oft missverständlich dargestellt, um schicke Architektur, tolle Büromöbel oder agiles Arbeiten.

In diesem Textabschnitt wird mit dem Konnektor *aber*, der als sprachliches Klebemittel wirkt, der folgende Satz mit dem vorangehenden Satz formal verbunden und dessen Aussage relativiert. Dadurch wird nämlich erläutert, dass es beim Begriff „New Work“ nicht nur um die Folgen der Digitalisierung, sondern vor allem darum geht, die Mitarbeiterinnen und Mitarbeiter zu motivieren.

In *Lesen Teil 1* sollen Sie die Lücken in einem Text sinnvoll ergänzen, indem Sie aus den vorgegebenen Antwortmöglichkeiten die richtige Lösung auswählen. In den Lücken fehlen oftmals die sprachlichen Klebemittel und Sie müssen – ausgehend von Ihrem Textverständnis – entscheiden, welche der angebotenen Optionen sinnhaft ist und die Sätze logisch miteinander verbindet:

> Es liegt auf der Hand, dass „New Work“ große Vorteile für Arbeitnehmerinnen und Arbeitnehmer bietet. [7 ...] ist „New Work“ mit seinen flexiblen Formen und der Forderung nach Eigenverantwortung nicht für jeden Persönlichkeitstyp geeignet.

| Lösungsmöglichkeiten | | | Kommentar |
|---|---|---|---|
| 7 | a | Daher | Falsch, denn „daher“ drückt eine Begründung aus. |
| | b | Dazu | Falsch, denn „dazu“ beschreibt einen Zweck oder ein Ziel. |
| | c | Dennoch | Richtig: Der Satz schränkt das, was im Satz davor beschrieben wird, ein: Trotz der großen Vorteile ist „New Work“ nicht für jeden geeignet. |
| | d | Entsprechend | Falsch, denn „entsprechend“ drückt aus, dass etwas zueinander passt. |

### Beispiel: Lesen Teil 3 (Seite 18)

In *Lesen Teil 3* sollen Sie einen Text sinnvoll rekonstruieren, indem Sie fehlende Sätze ergänzen. Bei der Lösung hilft wieder der Fokus auf die sprachlichen Klebemittel:

> An dieser Stelle könnte man erste Bedenken anmelden, handelte es sich hier doch um eine Art „Menschenversuch“, bei dem düstere Endzeitversionen von manipulierten und gehirngewaschenen Konsumentinnen und Konsumenten naheliegen.
>
> [19 i] <u>Dagegen</u> kann man <u>zwei Argumente</u> anführen.
>
> <u>Zum einen</u> waren in Haßloch die Kundinnen und Kunden wirklich König, [...]. Und <u>zum anderen</u>: Die Teilnahme an der Marktforschung beruhte natürlich auf Freiwilligkeit.

Mit „Dagegen“ wird das Signal gesetzt, dass jetzt ein Einwand gegen die Aussage des Satzes davor genannt wird. Verstärkt wird dieses Signal durch die Erwähnung von zwei möglichen Argumenten. Diese Argumente werden dann in den Sätzen danach mit „Zum einen“ und „zum anderen“ eingeleitet.

# LESEN 2 TIPPS & TRICKS

### Info

Dauer: ca. 20 Minuten
Text: wissenschaftsorientierter Sachtext
Aufgaben: 7
Punkte: 7

### Das muss ich tun!

Sie lesen einen längeren Sachtext mit komplexen Informationen. Dazu gibt es 7 Aufgaben, bei denen Sie jeweils entscheiden müssen, welche von 3 Optionen mit dem Inhalt des Texts übereinstimmt (a, b oder c).

## Wie mache ich das?

1. Lesen Sie den Text auf Seite 14 möglichst schnell durch (maximal 3 Minuten), damit Sie einen ersten Eindruck bekommen, worum es in dem Text geht. Dadurch können Sie sich beim Lösen der Aufgaben leichter im Text orientieren.
2. Lesen Sie jetzt in zwei Minuten die 7 Aufgaben (**9–15**) genau durch und markieren Sie Schlüsselwörter (siehe Seite 16).
3. Lesen Sie Aufgabe **9** noch einmal. Gehen Sie den Text bis zu der Stelle durch, wo Sie die Lösung für diese Aufgabe vermuten. Achten Sie dabei auf die Schlüsselwörter. Vergleichen Sie die Antwortoptionen mit der Textstelle und entscheiden Sie sich für eine Lösung (**a**, **b** oder **c**). Markieren Sie Ihre Lösung auf dem Aufgabenblatt.
4. Wenn Sie für Aufgabe **9** keine Lösung finden, machen Sie mit Aufgabe **10** weiter, damit Sie nicht zu viel Zeit verlieren. (Sie haben pro Aufgabe höchstens 2 Minuten Zeit.)
5. Bearbeiten Sie die Aufgaben **10–15** auf die gleiche Weise.
6. Sehen Sie sich jetzt die Aufgaben noch einmal an, für die Sie noch keine Lösung gefunden haben, und entscheiden Sie sich für eine Lösung.
7. Übertragen Sie am Ende des Prüfungsteils Ihre Lösungen auf den Antwortbogen.

### TIPPS

→ Die Aufgaben folgen dem Verlauf des Textes, z. B. finden Sie die Informationen zu Aufgabe **10** im Text nach denen zu Aufgabe **9**.

→ Um eine Aufgabe zu lösen, müssen Sie im Text die entscheidende Textstelle finden und diese Stelle genau lesen. Häufig finden Sie wichtige Hinweise auch in der Umgebung der Textstelle (Satz oder Sätze davor und dahinter).

→ Sie müssen den Text nur an den Stellen genau lesen, an denen Sie die Informationen zur Lösung der Aufgabe vermuten. Markieren Sie diese Stellen und notieren Sie die jeweilige Aufgabennummer. Dann können Sie sich besser auf diese Stellen konzentrieren.

→ Zu allen drei Antwortoptionen (a, b und c) finden Sie Informationen im Text, aber nur eine ist richtig. Markieren Sie daher die Informationen zu allen drei Antwortoptionen und entscheiden Sie dann, welche die richtige ist.

→ Seien Sie vorsichtig bei Schlüsselwörtern, die Sie sowohl im Text als auch in den Aufgaben finden. Das bloße Vorhandensein eines Schlüsselwortes oder eines Synonyms ist keine Garantie dafür, dass die Aussage richtig ist.

→ Wenn eine Aussage dem Text auch nur ein wenig widerspricht, ist diese Aussage falsch. Achten Sie deshalb genau auf Details wie z. B. Negationen, Attribute oder Zeitformen.

→ Seien Sie vorsichtig bei „absoluten" Aussagen (z. B. *immer*, *alle*, *nie*). Diese sind oft nicht richtig.

→ Wenn Sie sicher sind, dass eine Lösungsmöglichkeit nicht stimmt, streichen Sie diese durch. Dann müssen Sie sich nur noch zwischen zwei Antwortoptionen entscheiden.

→ Beachten Sie: Bei der Lösung der Aufgaben ist nur entscheidend, was im Text steht. Wählen Sie die passende Lösung nur auf der Basis des Textes und nicht aufgrund Ihres eigenen Wissens bzw. eigener Erfahrung aus.

→ Markieren Sie immer eine Lösung, auch wenn Sie sich nicht ganz sicher sind. Sie könnte ja stimmen.

## Teil 2 vorgeschlagene Arbeitszeit: 20 Minuten

Sie lesen im Internet einen Artikel über Greenwashing durch Unternehmen.
Wählen Sie bei jeder Aufgabe die richtige Lösung.

NACHHALTIGKEIT ALS VERKAUFSARGUMENT

# Über Methoden und Probleme von Greenwashing

Verbraucherumfragen der letzten Jahre zeigen einen eindeutigen Trend: Immer mehr Verbraucherinnen und Verbraucher achten bei ihren Einkäufen auf Fragen der Nachhaltigkeit und des Umweltschutzes – und immer mehr sind bereit, dafür einen höheren Preis zu zahlen. Laut einer kürzlich durchgeführten Befragung von über 14-Jährigen in Deutschland gab über ein Drittel an, für umweltfreundliche Produkte mehr Geld ausgeben zu wollen.

Studien zeigen darüber hinaus, dass umweltfreundliches Engagement den Ruf von Unternehmen verbessern kann und so nicht nur die Kaufabsichten der Verbraucherinnen und Verbraucher beeinflusst, sondern auch für eine stärkere Kundenbindung sorgt. In dieser Situation geben allerdings einige Unternehmen der Versuchung nach, „Greenwashing" zu betreiben, d. h. sie nutzen verschiedene Verschleierungsmaßnahmen, um ihre Aktivitäten und Produkte umweltfreundlicher darzustellen als sie eigentlich sind.

Die Studien von „Terra Choice" in den USA und Kanada zeigen, dass Greenwashing – auf Deutsch bisweilen als Grünfärberei bezeichnet – weit verbreitet ist. Dabei kann man sieben verschiedene Arten der Manipulation von Konsumentinnen und Konsumenten beschreiben, die sogenannten „Sieben Sünden" des Greenwashing:

Nur selten werden völlig unzutreffende Behauptungen über die Umweltleistungen aufgestellt, d. h. platte Lügen gibt es kaum. Häufiger werden unüberprüfbare Aussagen gemacht, z. B. zu den Anteilen an wiederverwendetem Material. Eine weitere Strategie ist, den inhaltsleeren Begriff „natürlich" zur Bezeichnung von Inhaltsstoffen zu verwenden und damit Umweltverträglichkeit zu suggerieren. Oder es wird mit nicht autorisierten, aber umweltfreundlich aussehenden Zertifikaten operiert. Auch werden die – scheinbar – grünen Aspekte eines Produktes hervorgehoben. Diese sind oft irrelevant – beispielsweise ist der Verzicht auf eine bestimmte Substanz eine Selbstverständlichkeit, weil er ohnehin gesetzlich vorgeschrieben ist. Oder es werden andere, umweltschädliche Bereiche der Herstellung zugunsten eines hervorgehobenen „grünen" Bereichs verschwiegen. Darüber hinaus können bei Produkten, die von vornherein keinen Nutzen für die Umwelt hatten, umweltfreundliche Komponenten betont werden.

Daneben wird häufig in den hauseigenen Publikationen die Wichtigkeit von Nachhaltigkeit und Umweltschutz betont. Dabei bleibt es aber dann, und es folgen keine konkreten Umsetzungen dieser Ziele im Unternehmen. Eine weitere Möglichkeit ist auch, externe Technologien oder gesetzliche Vorgaben in der Öffentlichkeit als eigenes Verdienst oder eigene Initiative darzustellen.

Die Akteure, die an Greenwashing beteiligt sind, umfassen die „traditionellen" Bereiche wie z. B. Marketing- und PR-Abteilungen der jeweiligen Firmen, Lobby-Verbände und Werbeagenturen. Versteckteres Greenwashing wird durch Gutachten von Forscherinnen und Forschern betrieben. Neu hinzugekommen als externe Akteure sind sogenannte Influencer, die häufig mit ihren Posts in den sozialen Medien für Produkte werben und dabei teilweise auch Greenwashing betreiben.

Laut einiger Untersuchungen hat Greenwashing, wenn es aufgedeckt wird, negative Folgen für das Image des Unternehmens und beeinflusst auch das Verbraucherverhalten negativ. Diese Studien haben sich aber vor allem mit den offensichtlichen und dreisten Lügen über die Umweltbilanz von Unternehmen beschäftigt, schwieriger werden Untersuchungen im Bereich der eher vagen und uneindeutigen Formen des Greenwashings. Denn die verschiedenen Mechanismen der Grünfärberei haben sich in der Zwischenzeit ausdifferenziert und solche Auflistungen wie die oben erwähnten „Sieben Sünden", die von „Terra Choice" beschrieben werden, können das Phänomen nicht mehr umfassend darstellen. Es kann z. B. beobachtet werden, dass Unternehmen in ihren Imageauftritten einfach durch eine gezielte Auswahl von Bildern, die mit Naturschutz und Umweltfreundlichkeit assoziiert werden, eine „grüne Atmosphäre" schaffen. So suggerieren sie dem Rezipienten ein Umweltbewusstsein, ohne eine nachweisbar falsche Behauptung aufgestellt zu haben.

Auch wenn beim Greenwashing die „Guten" und die „Bösen" eindeutig zuzuordnen zu sein scheinen, weisen doch gerade neuere Untersuchungen darauf hin, dass die Lage keineswegs so klar ist. Gerade im komplexen und verzahnten Bereich der Umstellung der Produktion auf umweltfreundlichere und nachhaltigere Verfahren gibt es selten eindeutige Lösungen. Schon Verbraucherinnen und Verbraucher stehen in ihrem Konsumverhalten oft vor einem nicht auflösbaren Dilemma, wie z. B. der Frage, ob der Kauf eines Elektroautos mit den Umweltkosten bei der Herstellung wirklich besser ist als das Weiterfahren eines schon produzierten und kraftstoffsparenden Fahrzeuges mit Verbrennungsmotor. Für Unternehmen ist es natürlich leichter, Ziele und Prinzipien zu postulieren, als eine sofortige und vollständige Umsetzung durchzusetzen. Diese „leeren" Bekenntnisse können aber auch dazu dienen, den Weg zu einer realen Umsetzung zu ebnen, da sie Umweltziele bewusstmachen und zu einer Änderung der Firmenkultur beitragen können. Für diese positivere Sichtweise spricht, dass Formen des Greenwashing auch in interner Unternehmenskommunikation gefunden wurden.

## Teil 2

**9** Welches Ergebnis haben die im Text erwähnten Umfragen?

[a] Den Verbrauchern ist klar, dass umweltfreundliche Produkte höhere Preise bedeuten.
[b] Es gibt einen Trend zur Akzeptanz von Preissteigerungen, wenn es um Nachhaltigkeit geht.
[c] Zu Veränderungen im Verbraucherverhalten lassen sich keine klaren Aussagen machen.

**10** Greenwashing ist eine Methode, ...

[a] die laut Untersuchungen zu einer stärkeren Kundenbindung führt.
[b] die von Unternehmen genutzt wird, um ihre Produkte umweltfreundlicher zu machen.
[c] um das Image von Unternehmen mit unzutreffenden Behauptungen zu verbessern.

**11** Greenwashing kann man betreiben, indem man ...

[a] anerkannte Umweltzertifikate falsch verwendet.
[b] Lügen über die eigene Umweltfreundlichkeit verbreitet.
[c] über die Natürlichkeit von Stoffen unzutreffende Aussagen macht.

**12** Wenn Unternehmen die eigenen Umweltziele kommunizieren, ...

[a] folgen auch konkrete Maßnahmen zum Erreichen dieser Ziele.
[b] greifen sie auf Publikationen zurück, die im eigenen Haus produziert werden.
[c] werden manchmal externe Umweltstandards als eigene Idee präsentiert.

**13** Was machen die verschiedenen Akteure beim Greenwashing?

[a] Das Marketing akquiriert Wissenschaftlerinnen und Wissenschaftler.
[b] Die Forschung trägt zur Überprüfbarkeit von Umweltstandards bei.
[c] Influencer betreiben in den sozialen Medien Werbung.

**14** Bilder in Publikationen und in Internetauftritten von Unternehmen dienen dazu, ...

[a] Behauptungen über Greenwashing zu unterstützen.
[b] Umweltfreundlichkeit der Unternehmen vorzutäuschen.
[c] von Umweltsünden der Unternehmen abzulenken.

**15** Wenn Unternehmen ökologische Ziele ankündigen, ...

[a] ändert sich das allgemeine Umweltverhalten in der Firma.
[b] kann das die Realisierung dieser Ziele vorbereiten.
[c] nutzen sie dafür firmeninterne Publikationen.

## Umgang mit Schlüsselwörtern

Schlüsselwörter repräsentieren die zentralen Begriffe in einem Text. Sie helfen den Leserinnen und Lesern dabei, einen Text rasch zu überfliegen, und lassen dadurch die Hauptaussagen eines Textes in groben Zügen erkennen. Sie funktionieren als „Schlüssel" zum Inhalt des Textes. Die Suche nach Schlüsselwörtern ist eine wichtige Lesestrategie: Sie kann helfen, die Hauptaussagen von ganzen Texten oder von Abschnitten zu erschließen und im Anschluss Zusammenfassungen von Texten zu formulieren. Aber nicht nur der Text, sondern auch die Aufgaben beinhalten Schlüsselwörter. Sie „sagen" Ihnen, nach welchen Informationen Sie im Text suchen müssen.

### Beispiel: Lesen Teil 2 (Seite 14 – 15)

In *Lesen Teil 2* sollen Sie bei insgesamt 7 Aufgaben entscheiden, welche von 3 Aussagen mit dem Inhalt des Texts übereinstimmt. In einer Aufgabe wird das Ergebnis einer Umfrage thematisiert:

**9** Welches Ergebnis haben die im Text erwähnten Umfragen?

a Den Verbrauchern ist klar, dass umweltfreundliche Produkte höhere Preise bedeuten.
b Es gibt einen Trend zur Akzeptanz von Preissteigerungen, wenn es um Nachhaltigkeit geht.
c Zu Veränderungen im Verbraucherverhalten lassen sich keine klaren Aussagen machen.

Im entsprechenden Textabschnitt finden sich Schlüsselbegriffe der Antwortoptionen **a** und **b**:

> [...] Verbraucherumfragen der letzten Jahre zeigen einen eindeutigen Trend: Immer mehr Verbraucherinnen und Verbraucher achten bei ihren Einkäufen auf Fragen der Nachhaltigkeit und des Umweltschutzes – und immer mehr sind bereit, dafür einen höheren Preis zu zahlen. Laut einer kürzlich durchgeführten Befragung von über 14-Jährigen in Deutschland gab über ein Drittel an, für umweltfreundliche Produkte mehr Geld ausgeben zu wollen. [...]

Gerade in Option **a** werden Schlüsselbegriffe aus dem Text wörtlich wiedergegeben. Im Text wird jedoch nicht gesagt, dass es für die Verbraucherinnen und Verbraucher klar ist, dass Produkte, die umweltfreundlich sind, immer auch teurer sind. Dagegen spricht der Text vom eindeutigen Trend, dass immer mehr Menschen darauf achten, nachhaltig einzukaufen und dabei auch höhere Preise umweltfreundlicher Produkte akzeptieren. Deshalb ist in dieser Aufgabe die Antwortoption **b** die richtige Lösung.
Die Schlüsselwörter können also erste Hinweise geben, führen aber nicht automatisch oder ausschließlich zur richtigen Lösung. Seien Sie vorsichtig, wenn die Schlüsselwörter nicht paraphrasiert, sondern wortwörtlich im Text auftauchen. Wenn dasselbe Wort in einer Aufgabe und im Text benutzt wird, kann das eine falsche Fährte sein (vgl. Seite 20).

### Beispiel: Hören Teil 2 (Seite 29)

In *Hören Teil 2* sollen Sie bei 9 Aussagen entscheiden, ob die Information stimmt, nicht stimmt oder nicht im Text enthalten ist („dazu wird nichts gesagt"). Eine Aufgabe lautet folgendermaßen:

**8** Im Grundgesetz gibt es schwer zu überwindende Hindernisse für obligatorische Sozialdienste.

Im Text hören Sie folgende Aussage:

> [...] Die Mütter und Väter unseres Grundgesetzes haben zu Recht außerordentlich hohe Hürden aufgebaut, als es darum ging, Bürgerinnen und Bürger mit staatlichen Zwangsdiensten zu konfrontieren. [...]

Die „schwer zu überwindenden Hindernisse" der Aufgabe korrespondieren mit den „außerordentlich hohen Hürden" des Textes. Die Schlüsselbegriffe des Textes werden in Aufgabe **8** also mit anderen Wörtern wiedergegeben. Die Aussage ist demnach richtig.

### Info

Dauer: ca. 20 Minuten
Text: Kommentar
Aufgaben: 8
Punkte: 8

### Das muss ich tun!

Sie lesen einen längeren Text über ein kontroverses Thema, in dem Sie 8 Sätze ergänzen müssen. Sie wählen diese aus 10 möglichen Sätzen aus. 2 Sätze passen nicht.

## Wie mache ich das?

1. Lesen Sie den Text möglichst schnell durch (maximal 2 Minuten), damit Sie einen ersten Eindruck davon bekommen, worum es in dem Text geht.
2. Lesen Sie dann den Textteil um das Beispiel **0** und Lösungssatz **0.** Überlegen Sie kurz, warum das der passende Satz ist.
3. Lesen Sie jetzt die Sätze **a–j**. Markieren Sie dabei Schlüsselwörter.
4. Lesen Sie nun den Textteil vor und nach Lücke **16** genau und ordnen Sie den Lösungssatz zu, der für Sie inhaltlich am besten passt.
5. Notieren Sie den Buchstaben Ihrer Lösung auf dem Aufgabenblatt direkt in der Lücke. Wenn Sie zwei Lösungen für möglich halten, notieren Sie zunächst beide Buchstaben.
6. Überprüfen Sie Ihre Lösung: Passen die verwendeten Pronomen und andere Verweiswörter? Stellen die verwendeten Konnektoren logische Bezüge her?
7. Wenn Sie für Lücke **16** keine Lösung finden, machen Sie mit Lücke **17** weiter, damit Sie nicht zu viel Zeit verlieren. Sie haben pro Lücke nur 1 bis 2 Minuten Zeit.
8. Bearbeiten Sie nun die Lücken **17–23** auf die gleiche Weise.
9. Schauen Sie sich jetzt die Lücken an, für die Sie noch keine Lösung gefunden haben. Da jetzt weniger Lösungssätze übrig sind, ist es leichter, eine Lösung zu finden.
10. Überfliegen Sie abschließend den ganzen Text noch einmal und überlegen Sie, ob er mit den eingefügten Sätzen sinnvoll aufgebaut ist.
11. Übertragen Sie am Ende des Prüfungsteils Ihre Lösung auf den Antwortbogen.

### Tipps

→ Achten Sie beim Lesen ganz besonders auf die Textzusammenhänge (z. B. die logische Struktur oder die zeitliche Abfolge im Text).

→ Lesen Sie das direkte Umfeld der Lücken (den Satz davor und dahinter) sehr genau. Denn der fehlende Satz stellt eine Verbindung zwischen den Sätzen vor und nach der Lücke her. Den restlichen Text brauchen Sie nicht so genau zu lesen, das spart Zeit.

→ Achten Sie besonders auf sprachliche Mittel der Textverknüpfung, z. B. Pronomen (*diese*, *das* etc.), Konnektoren (*doch*, *aus diesem Grund* etc.) oder andere Verweiswörter (*dazu*, *auch heute noch* etc.) sowie Aufzählungen (*dazu*, *weiterhin* etc.), Verneinungen (*nicht immer nur*, *ungeeignet* etc.) oder Zeitangaben (*inzwischen*, *in den letzten Jahren* etc.) im Umfeld der Lücke.

→ Wenn Sie bei bestimmten Sätzen sicher sind, dass Sie die Lösung gefunden haben, streichen Sie sie durch.

→ Machen Sie zum Schluss die Gegenprobe: Prüfen Sie die beiden Sätze, die Sie nicht als Lösung für eine Lücke gewählt haben, noch einmal als mögliche Ergänzungen.

→ Notieren Sie immer eine Lösung, auch wenn Sie nicht ganz sicher sind. Vielleicht ist sie ja richtig.

## Teil 3 vorgeschlagene Arbeitszeit: 20 Minuten

Sie lesen in einer populärwissenschaftlichen Zeitschrift einen Kommentar.
Welche Sätze passen in die Lücken? Zwei Sätze passen nicht.

### Sammeln Sie Punkte? Wie wir alle Bürger von Haßloch wurden

**Wahrscheinlich fragen Sie sich jetzt, wie ich Ihnen unterstellen kann, dass Sie aus Haßloch sind. Und wahrscheinlich fragen Sie sich zuerst, was Haßloch ist. Und warum ist es so besonders? Beispiel 0 Nähern wir uns der Gemeinde Haßloch in Rheinland-Pfalz und wagen wir einen genaueren Blick.**

Haßloch ist nicht mehr besonders, Haßloch war besonders: **16 ...** In dem Zeitraum zwischen 1986 und 2021 nutzte die Marktbeobachtungs- und Forschungsabteilung der Gesellschaft für Konsumforschung (GfK) diese Gemeinde mit ca. 20 000 Einwohnerinnen und Einwohnern als Testmarkt zur Einführung neuer Konsumartikel.

Die Gemeinde bietet sich dafür besonders gut an, da die Bevölkerungsstruktur sehr nahe an der bundesdeutschen Durchschnittsbevölkerung ist. Altersstruktur und soziale Schichtung sowie Einkommen und Konsumverhalten spiegeln die Verhältnisse im ganzen Land wider. **17 ...** Damit deckt der Ort beide Bereiche ab. Die Wahl war offensichtlich gut getroffen, denn die Auswertungen, die die Gesellschaft für Konsumforschung hier durchführte, sagten zu 90 Prozent die späteren Marktdaten voraus.

Mit dem Musterdorf hat man sich auch sehr viel Mühe gegeben. Im örtlichen Einzelhandel wurden nicht nur Produkte angeboten, die für die Markteinführung getestet werden sollten. Darüber hinaus wurde auch – extra für die Konsumentinnen und Konsumenten – Werbung im örtlichen Fernsehkanal und in einigen Zeitschriften geschaltet. **18 ...** Was von dem Mustermarkt Haßloch nicht angenommen wurde, bekam der Rest der Republik oft gar nicht zu Gesicht.

An dieser Stelle könnte man erste Bedenken anmelden, handelte es sich hier doch um eine Art „Menschenversuch", bei dem düstere Endzeitvisionen von manipulierten und gehirngewaschenen Konsumentinnen und Konsumenten naheliegen. **19 ...** Zum einen waren in Haßloch die Kundinnen und Kunden wirklich König, sie urteilten – wenn auch unbewusst – über die Zukunft von Produkten und bestimmten so den Konsummarkt der Bundesrepublik mit. Und zum anderen: Die Teilnahme an der Marktforschung beruhte auf Freiwilligkeit. Für eine genauere Untersuchung des Kaufverhaltens wurde ein Teil der Einkaufenden mit einer Karte der GfK ausgestattet. **20 ...** Auch die Nutzung dieser Karte war natürlich freiwillig, auch wenn sie mit Rabattaktionen belohnt wurde.

Zurück zur Ausgangsfrage – wie komme ich zu der Behauptung, dass wir alle in der Zwischenzeit Bürgerinnen und Bürger eines einzigen großen Musterdorfs sind? Dazu zuerst die schlechte Nachricht: Haßloch gibt es für die GfK nicht mehr. **21 ...** Denn der zu betreibende Aufwand hat sich nicht mehr gelohnt. Sie ahnen es schon: In den Zeiten von Punktesystemen, Kundenkarten und Apps und Online-Befragungen kommen Firmen viel leichter und mit geringerem Einsatz an valide Datenmengen über das Kaufverhalten alter und neu zu erschließender Zielgruppen.

Es wäre jetzt sehr leicht, dem Fortschritt die Schuld zu geben. Und sicher, ohne die Entwicklung der Speichersysteme, die Explosion der Rechnerkapazität, das Smartphone und die Algorithmen der KI könnten die Datenmassen nicht bewältigt und ausgewertet werden. **22 ...** Die Sammelwut der Rabattkartenkönige und Online-Bestellerinnen, die App-Nutzerinnen und Schnäppchenjäger sorgen nämlich für so viele Daten, dass Haßloch wirklich nicht mehr nötig ist. Und das alles freiwillig.

Wenn man über die Datenmengen nachdenkt, die bei einem durchschnittlichen Einkauf anfallen und gespeichert werden, wird Haßloch zu einer harmlosen Idylle der Vergangenheit. Dort entschieden die Testkäufer und Testkäuferinnen, ob ein Produkt ansprechend war, und halfen mit ihren Käufen dabei, den bundesdeutschen Markt zu prägen. **23 ...** Wie ferngesteuerte Zombies füllen wir unsere Online-Warenkörbe mit den Vorschlägen der KI, füllen für Produktmuster Online-Umfragen aus und legen für doppelte, dreifache Punktemengen freiwillig große Teile unseres Alltags offen. Ach Haßloch, die gute alte Zeit ...

## Teil 3

**Beispiel:**

**0** Und was hat das mit „uns allen“ zu tun?

**a** Heutzutage sollte man jedoch durchaus über die Manipulation des kompletten Kaufverhaltens reden.

**b** Denn Haßloch war das Musterdorf, die Durchschnittsgemeinde der Marktforschung für Deutschland.

**c** Ende 2021 wurde das Musterdorf geschlossen.

**d** Auch wenn Haßloch nur eine Gemeinde in Deutschland ist, dient sie seit 35 Jahren als Musterdorf.

**e** Damit konnten Warenkörbe einzelner Haushalte genau analysiert werden.

**f** Die Haßlocher Bevölkerung bekam also ihre eigene bunte Konsumwelt.

**g** So hat der technische Fortschritt eine leichte Analyse von Konsumverhalten möglich gemacht.

**h** Auch nimmt der Ort eine Mittelstellung zwischen einer rein dörflichen und rein städtischen Siedlung ein.

**i** Dagegen kann man zwei Argumente anführen.

**j** Noch viel weniger wäre das alles aber ohne unsere fröhliche Mitarbeit möglich.

## Falsche Fährten erkennen

Schlüsselwörter (Seite 16) können erste Hinweise zur richtigen Lösung geben. Sie können aber auch auf eine falsche Fährte führen.

### Beispiel: Lesen Teil 4 (Seite 22)

In *Lesen Teil 4* sollen Sie fünf Aussagen jeweils einem von drei Kurztexten zuordnen. Eine wichtige Lesestrategie ist auch hier, Schlüsselwörter in den Aussagen zu markieren und dann in den Texten zu prüfen, ob man dort entsprechende Informationen dazu findet. Wenn Sie identische oder ganz ähnliche Wörter sowohl in der Aufgabe als auch im Text finden, handelt es sich aber oft um eine „falsche Fährte".
Eine der Aussagen zum Thema Künstliche Intelligenz (KI) lautet folgendermaßen:

**29** KI wird die Menschen nicht aus den Jobs verdrängen, sondern sie bei der Arbeit entlasten.

In Kurztext **c** korrespondiert „Entlastung" mit „entlasten" in der Aussage:

> [...] Allerdings wird dieses Potenzial meist noch nicht ausgeschöpft. Denn KI wird derzeit häufig leider nur zur Entlastung der Mitarbeiterinnen und Mitarbeiter, etwa bei Routinearbeiten und Analyseprozessen, eingesetzt. [...]

Kurztext **c** könnte also auf den ersten Blick richtig sein. Aber es fehlt die beruhigende Feststellung der Aussage, dass KI den Menschen nicht ihre Arbeitsplätze wegnehmen wird („nicht aus den Jobs verdrängen"). Außerdem analysiert Frau Zhang die gegenwärtige Situation und beklagt, dass die Möglichkeiten der KI heutzutage nicht voll genutzt werden, während die Aussage eine Prognose für die Zukunft darstellt: KI wird die Menschen bei der Arbeit entlasten. „Entlastung" ist also eine falsche Fährte. Dagegen kann man in Kurztext **a** folgenden Satz lesen:

> [...] Statt uns die Jobs wegzunehmen, werden KI-gestützte Systeme uns die Arbeit erleichtern. [...]

Zwar findet man hier keine wörtlich wiedergegebenen Schlüsselwörter, aber in **a** wird der Inhalt von Aussage **29** genau wiedergegeben. Deswegen ist **a** der passende Text für Aussage **29**.

### Beispiel: Hören Teil 3 (Seite 31)

Bei den Höraufgaben können Sie die Schlüsselwörter zunächst nur in den Aufgaben bestimmen. Während der Hörtext abgespielt wird, muss man darauf achten, wann man das jeweilige Schlüsselwort hört (wörtlich oder ähnlich ausgedrückt). Die Schlüsselwörter dienen hier also als eine Art „Verstehensinseln".
In *Hören Teil 3* müssen Sie entscheiden, welche von drei Optionen die passende Fortsetzung zu einem gegebenen Satzanfang ist. In einer der Aufgaben werden Folgen des Fachkräftemangels thematisiert:

**16** Der Fachkräftemangel könnte dazu führen, dass ...
a im Gesundheitswesen zu wenig Personal zur Verfügung steht.
b Lastwagenfahrer nicht mehr genügend Ware bekommen.
c viele Supermärkte aus Mangel an Waren schließen.

Im Text, den Sie hören, stellt der Moderator mögliche Folgen des Fachkräftemangels in einer Frage dar:

> [...] demnächst Regale in den Supermärkten, die leer bleiben, weil es nicht mehr genügend Fahrer gibt, die die Waren an ihre Bestimmungsorte bringen? Oder kaum noch Pflegekräfte, die in unseren Krankenhäusern arbeiten?

Im Text werden insbesondere Schlüsselbegriffe der Antwortoptionen **b** und **c** zum Großteil wörtlich genannt. Allerdings sagt der Text nicht, dass „Lastwagenfahrer nicht mehr genügend Ware bekommen" (Option **b**) oder Supermärkte schließen müssen (Option **c**), sondern dass die Regale in den Supermärkten nicht mit Waren aufgefüllt und leer bleiben werden, wenn es zu wenig Fahrer für den Transport von Waren gibt. Richtig ist Option **a**: Das Personal im Gesundheitswesen wird nicht ausreichen, weil es keine Pflegekräfte geben wird, die in den Krankenhäusern arbeiten werden. Gerade die Aussage, die den Inhalt des Textes paraphrasiert, ist also korrekt.

### Info

Dauer: ca. 15 Minuten
Text: 3 Diskussionsbeiträge
Aufgaben: 7
Punkte: 7

### Das muss ich tun!

Sie lesen 3 kurze Texte von Expertinnen und Experten zu einem Thema. Dazu gibt es 7 Aussagen, von denen Sie 5 den Texten zuordnen. 2 Aussagen passen zu keinem Text.

## Wie mache ich das?

1. Lesen Sie die Texte **a**, **b** und **c** auf Seite 23 möglichst schnell durch (maximal 3 Minuten), damit Sie einen ersten Eindruck bekommen, worum es in den Texten geht.
2. Lesen Sie dann das Beispiel **0** auf Seite 22 und den Anfang von Text **a** und überlegen Sie kurz, warum die Aussage **0** zu Text **a** passt. Das Beispiel bezieht sich immer auf den Anfang von Text **a**.
3. Lesen Sie nun die sieben Aussagen **24–30** auf Seite 22 und markieren Sie Schlüsselwörter (siehe Seite 16).
4. Lesen Sie Text **a** noch einmal und überlegen Sie: Welche der sieben Aussagen **24–30** passt zu diesem Text? Passen mehrere Aussagen? Notieren Sie den Buchstaben „a“ auf dem Aufgabenblatt bei den Aussagen, zu denen der Text Ihrer Meinung nach passt. Zu jedem der drei Texte **a**, **b** und **c** passen mindestens eine, maximal drei Aussagen.
5. Wenn Sie für Text **a** keine passende Aussage finden, machen Sie mit Text **b** weiter, damit Sie nicht zu viel Zeit verlieren.
6. Bearbeiten Sie die Texte **b** und **c** auf die gleiche Weise.
7. Wenn Sie zu einer Aussage zwei mögliche Texte finden, dann notieren Sie die beiden Buchstaben der Texte bei der Aussage. Lesen Sie dann die Texte genau und entscheiden Sie sich für eine Lösung.
8. Überprüfen Sie, ob Sie jedem der drei Texte **a**, **b** und **c** mindestens eine und maximal drei Aussagen zugeordnet haben und ob Sie zwei Aussagen keinem Text zugeordnet haben.
9. Übertragen Sie Ihre Lösung auf den Antwortbogen.

### Tipps

→ Lesen Sie die sieben Aussagen genau. Beachten Sie, dass die Schlüsselwörter, die Sie markieren, in den Statements normalerweise in Form von Umschreibungen und Synonymen vorkommen. Gleiche oder ähnliche Wörter, die Sie sowohl in einem der Texte als auch in einer Aussage finden, sind keine Garantie für die richtige Lösung.

→ Um die Lösung zu finden, müssen Sie zunächst den passenden Text identifizieren und dann die entsprechende Textstelle genau lesen. Es ist also zunächst nicht so wichtig, die Texte im Detail zu verstehen. Lesen Sie die Texte bzw. die entsprechenden Textstellen nur dann genau, wenn Sie sich bei einer Aussage zwischen zwei möglichen Lösungen entscheiden müssen bzw. wenn Sie sich unsicher sind, ob die Aussage einem Text zugordnet werden kann oder nicht.

→ Wenn Sie eine Aussage keinem Text zuordnen können, überlegen Sie nicht zu lange und machen Sie mit der nächsten Aussage weiter. Vergessen Sie nicht: Insgesamt passen zwei Aussagen zu keinem der drei Texte.

→ Notieren Sie immer eine Lösung, auch wenn Sie sich nicht ganz sicher sind. Sie könnte ja stimmen.

## Teil 4 vorgeschlagene Arbeitszeit: 15 Minuten

Sie lesen in einer Fachzeitschrift Beiträge von Wissenschaftlerinnen und Wissenschaftlern. Wählen Sie bei jeder Aussage: Wer äußert das? Zwei Aussagen passen nicht. Markieren Sie in diesem Fall 0.

**Beispiel:**

**0** Maschinen werden die menschliche Arbeitskraft nicht in vielen Berufen überflüssig machen. **Lösung: a**

**24** Der Einsatz von KI wird nicht dazu führen, dass es weniger Arbeitsplätze gibt.

**25** Menschen arbeiten heutzutage immer noch besser als Maschinen.

**26** Noch werden die Möglichkeiten der KI nicht in vollem Umfang genutzt.

**27** Viele Menschen haben Angst, dass man die Kontrolle über KI-Systeme verlieren könnte.

**28** Zentrales Ziel des Einsatzes von KI ist es, uns die Arbeit zu erleichtern.

**29** KI wird die Menschen nicht aus den Jobs verdrängen, sondern sie bei der Arbeit entlasten.

**30** In der Arbeitswelt sollen die besonderen menschlichen Fähigkeiten und die Möglichkeiten der KI kombiniert werden.

## Teil 4

ZUKUNFTSFRAGEN UNSERER GESELLSCHAFT:

# Künstliche Intelligenz und Arbeitswelt

### a Heidrun Wargau, Direktorin des Instituts für Arbeitsmarktforschung

Vor ein paar Jahren klangen die Prognosen vieler Wissenschaftlerinnen und Wissenschaftler sehr düster. Millionen Arbeitsplätze würden durch Künstliche Intelligenz in naher Zukunft wegfallen, so prophezeite man. Auch wenn heute schon die Hälfte aller Tätigkeiten in der Arbeitswelt automatisiert werden könnte, ist jedoch nicht davon auszugehen, dass Roboter den Menschen in vielen Berufen komplett ersetzen. Statt uns die Jobs wegzunehmen, werden KI-gestützte Systeme uns die Arbeit erleichtern. Entscheidend ist nicht, dass durch den Einsatz von Künstlicher Intelligenz die Arbeit ausgeht, sondern dass man sich rechtzeitig auf die Veränderung der Arbeit einstellt. Manche Jobs wird es tatsächlich nicht mehr geben. Aber durch Künstliche Intelligenz werden genauso viele neue Arbeitsplätze entstehen wie andere wegfallen. Je mehr Technologie eingesetzt wird, desto mehr Leute braucht es schließlich, die mit dieser umzugehen verstehen.

### b Thorsten Hellarts, Professor für Wirtschaftsethik

Die Digitalisierung verändert die Arbeitswelt drastisch. Ein Treiber des Wandels ist der Einsatz von Künstlicher Intelligenz. Für manche Menschen kommt dieser Fortschritt zu schnell – Skepsis, Widerstand und Angst sind die Folgen. Umso wichtiger ist es, KI vom Menschen her zu denken und die Bedeutung menschlicher Kompetenz und Leistung in einer von KI-Technologien unterstützten Arbeitswelt herauszuarbeiten. Zu erwarten ist, dass sich Beschäftigungsfelder wandeln werden, dass es in vielen Berufen eine immer stärkere Interaktion mit KI-Systemen geben wird und dass ganze Berufsfelder verschwinden werden. Bereits heute arbeiten Maschinen in bestimmten Bereichen genauer, effizienter und kostengünstiger als der Mensch. Es gibt aber Dinge, die Maschinen nicht so gut können, z. B. mit anderen Menschen interagieren und kreativ arbeiten. Für Unternehmen muss es ein Ziel sein, die spezifischen Kompetenzen der Mitarbeiterinnen und Mitarbeiter mit den Potenzialen von Künstlicher Intelligenz sinnvoll und verantwortungsbewusst zu verknüpfen.

### c Marlene-Sophie Zhang, Professorin für Wirtschaftsinformatik

KI ist ohne Zweifel die Zukunftstechnologie schlechthin. Die Anwendungsmöglichkeiten reichen von der Datenanalyse über Chatbots bis hin zu neuen Dienstleistungen, Produkten und Geschäftsmodellen. Das Potenzial ist riesig. Allerdings wird dieses Potenzial meist noch nicht ausgeschöpft. Denn KI wird derzeit häufig leider nur zur Entlastung der Mitarbeiterinnen und Mitarbeiter, etwa bei Routinearbeiten und Analyseprozessen, eingesetzt. Dabei spielen zwei Befürchtungen eine Rolle: Zum einen sind viele Menschen besorgt, dass sich autonome KI-Systeme dem menschlichen Zugriff entziehen könnten. Zum anderen treibt sie die Sorge vor Arbeitsplatzverlusten um. Fakt ist jedoch, dass es in nicht allzu ferner Zukunft nur noch selten Geschäftsmodelle ohne Rückgriff auf Methoden der Künstlichen Intelligenz geben wird. Dabei ist KI keine Frage allein von IT-Spezialistinnen und -spezialisten, sondern ein Großteil der Belegschaft eines Unternehmens wird in Zukunft in der Lage sein müssen, KI zu nutzen. Deshalb ist das Thema Lebenslanges Lernen immens wichtig. Um mit der technologischen Entwicklung Schritt zu halten, brauchen wir auch die Bereitschaft der Beschäftigten, weiterlernen und sich weiterentwickeln zu wollen.

# LESEN ANTWORTBOGEN

**Teil 1**

| | a | b | c | d |
|---|---|---|---|---|
| **1** | ☐ | ☐ | ☐ | ☐ |
| **2** | ☐ | ☐ | ☐ | ☐ |
| **3** | ☐ | ☐ | ☐ | ☐ |
| **4** | ☐ | ☐ | ☐ | ☐ |
| **5** | ☐ | ☐ | ☐ | ☐ |
| **6** | ☐ | ☐ | ☐ | ☐ |
| **7** | ☐ | ☐ | ☐ | ☐ |
| **8** | ☐ | ☐ | ☐ | ☐ |

**Teil 2**

| | a | b | c |
|---|---|---|---|
| **9** | ☐ | ☐ | ☐ |
| **10** | ☐ | ☐ | ☐ |
| **11** | ☐ | ☐ | ☐ |
| **12** | ☐ | ☐ | ☐ |
| **13** | ☐ | ☐ | ☐ |
| **14** | ☐ | ☐ | ☐ |
| **15** | ☐ | ☐ | ☐ |

**Teil 3**

| | a | b | c | d | e | f | g | h | i | j |
|---|---|---|---|---|---|---|---|---|---|---|
| **16** | ☐ | ☐ | ☐ | ☐ | ☐ | ☐ | ☐ | ☐ | ☐ | ☐ |
| **17** | ☐ | ☐ | ☐ | ☐ | ☐ | ☐ | ☐ | ☐ | ☐ | ☐ |
| **18** | ☐ | ☐ | ☐ | ☐ | ☐ | ☐ | ☐ | ☐ | ☐ | ☐ |
| **19** | ☐ | ☐ | ☐ | ☐ | ☐ | ☐ | ☐ | ☐ | ☐ | ☐ |
| **20** | ☐ | ☐ | ☐ | ☐ | ☐ | ☐ | ☐ | ☐ | ☐ | ☐ |
| **21** | ☐ | ☐ | ☐ | ☐ | ☐ | ☐ | ☐ | ☐ | ☐ | ☐ |
| **22** | ☐ | ☐ | ☐ | ☐ | ☐ | ☐ | ☐ | ☐ | ☐ | ☐ |
| **23** | ☐ | ☐ | ☐ | ☐ | ☐ | ☐ | ☐ | ☐ | ☐ | ☐ |

**Teil 4**

| | a | b | c | 0 |
|---|---|---|---|---|
| **24** | ☐ | ☐ | ☐ | ☐ |
| **25** | ☐ | ☐ | ☐ | ☐ |
| **26** | ☐ | ☐ | ☐ | ☐ |
| **27** | ☐ | ☐ | ☐ | ☐ |
| **28** | ☐ | ☐ | ☐ | ☐ |
| **29** | ☐ | ☐ | ☐ | ☐ |
| **30** | ☐ | ☐ | ☐ | ☐ |

Diesen Antwortbogen finden Sie zum Ausdrucken auch im Internet unter:
www.hueber.de/pruefung-express

## Informationen zum Modul *Hören*

Das Modul *Hören* besteht aus vier Teilen und dauert ca. 40 Minuten. Sie hören mehrere Texte und sollen dazu insgesamt 30 Aufgaben lösen. Sie lesen jeweils zuerst die Aufgaben und hören dann den Text oder die Texte. Für jede Aufgabe gibt es nur eine richtige Lösung. Für jede richtige Lösung erhält man 1 Punkt. Die Punkte werden mit dem Faktor 3,33 multipliziert, sodass maximal 100 Punkte (30 x 3,33) erreicht werden können.

Das Modul *Hören* wird am Stück abgespielt. Alle Arbeitsanweisungen, Hörtexte und Pausen sind vorgegeben. Sie müssen alle Aufgaben in dieser Reihenfolge lösen.

Vergessen Sie nicht, Ihre Lösungen auf den Antwortbogen zu übertragen. Dazu haben Sie am Ende des Moduls *Hören* 3 Minuten Zeit.

### Übersicht über die einzelnen Prüfungsteile

| Teil | Texte | Aufgaben | Punkte | Zeit | Ziel |
|---|---|---|---|---|---|
| **1** | Sie hören eine informative Radiosendung oder einen Podcast, der in drei Abschnitten (a, b und c) drei unterschiedliche Beiträge (z. B. Bücher oder Filme) zum gleichen Themengebiet bespricht. Sie hören den Text einmal. | Multiple Choice: Sie entscheiden bei 6 Aussagen, zu welchem der 3 Abschnitte (a, b oder c) sie jeweils passen. | 6 | ca. 6 Minuten | Sie zeigen, dass Sie in einer Sendung Einzelinformationen verstehen können. |
| **2** | Sie hören ein Interview mit einer Expertin oder einem Experten. Sie hören den Text zweimal. | Multiple Choice: Sie entscheiden bei 9 Aussagen, ob die Information richtig („stimmt“), falsch („stimmt nicht“) oder nicht im Text enthalten („dazu wird nichts gesagt“) ist. | 9 | ca. 12 Minuten | Sie zeigen, dass Sie in einem Interview Aussagen und Einzelinformationen zu Fachthemen verstehen können. |
| **3** | Sie hören ein Gespräch bzw. eine Diskussion zwischen drei Personen, das in vier Abschnitte gegliedert ist. Sie hören den Text abschnittweise und jeden Abschnitt einmal. | Multiple Choice: Sie lösen zu jedem der 4 Abschnitte 2 Aufgaben und entscheiden, welche von 3 Optionen mit dem Inhalt des Textes übereinstimmt. | 8 | ca. 6 Minuten | Sie zeigen, dass Sie in einer Diskussion Hauptaussagen und Meinungen zu einem aktuellen Thema verstehen können. |
| **4** | Sie hören einen Vortrag einer Expertin oder eines Experten. Sie hören den Vortrag zweimal. | Multiple Choice: Sie entscheiden bei 7 Aufgaben, welche von 3 Optionen mit dem Inhalt des Vortrags übereinstimmt. | 7 | ca. 12 Minuten | Sie zeigen, dass Sie einem Vortrag mit Verständnis folgen und Einzelinformationen verstehen können. |

**Info**

Dauer: ca. 6 Minuten
Texte: Podcast / Radiobeitrag mit 3 Abschnitten
Hören: einmal
Aufgaben: 6
Punkte: 6

**Das muss ich tun!**

Sie hören einen Podcast oder Radiobeitrag und entscheiden bei 6 Aussagen, zu welchem der 3 Abschnitte des Textes (a, b oder c) sie jeweils passen.

## Wie mache ich das?

Die Teile des Moduls *Hören* werden ohne Unterbrechung am Stück abgespielt. *Hören Teil 1* läuft folgendermaßen ab:

1. Sie hören zuerst die Anweisungen zu Teil 1. Achten Sie dabei darauf, worum es in der Sendung geht (z. B. Buch- oder Filmbesprechung).
2. Lesen Sie vor dem Hören des Textes die Aufgaben **1** bis **6**. Sie haben dazu 60 Sekunden Zeit. Markieren Sie beim Lesen Schlüsselwörter (siehe Seite 16).
3. Lesen Sie in diesen 60 Sekunden auch das Beispiel (**0**). Dort werden die Titel der drei Beiträge präsentiert, sodass Sie sie leichter unterscheiden können. Außerdem erfahren Sie hier etwas über das Thema der Abschnitte.
4. Sie hören nach diesen 60 Sekunden einen Signalton. Konzentrieren Sie sich jetzt auf den Hörtext.
5. Da die Reihenfolge der Aufgaben nicht dem Hörtext folgt, müssen Sie während des Hörens alle Aufgaben (**1–6**) im Blick behalten.
6. Markieren Sie auf dem Aufgabenblatt, zu welchem Beitrag eine Aussage passt, sobald Sie den entsprechenden Hinweis hören. Wenn Sie zwei Lösungen für möglich halten, kreuzen Sie beide an.
7. Nach dem dritten Abschnitt gibt es eine Pause von 20 Sekunden. Entscheiden Sie sich in dieser Zeit für eine der Optionen in den Fällen, in denen Sie noch unsicher waren.
8. Am Ende hören Sie den Hinweis „Ende Teil 1“. Danach geht es gleich weiter mit *Hören Teil 2*.

**TIPPS**

→ Beachten Sie, dass die Aussagen nicht in der Reihenfolge angeordnet sind, in der die entsprechenden Informationen im Hörtext präsentiert werden. Es kann also sein, dass Sie beispielsweise die Information für Aufgabe 3 vor den Informationen für Aufgabe 1 hören.

→ Nutzen Sie die 60 Sekunden zum Lesen der Aufgaben dazu, die Aussagen, die Sie zuordnen sollen, möglichst genau zu verstehen. Achten Sie dabei vor allem auf Aussagen, in denen ähnliche Schlüsselwörter vorkommen, da sie sich eventuell auf das gleiche Thema beziehen.

→ Im Beispiel werden die Titel der vorgestellten Beiträge genannt. Mithilfe der Titel können Sie erkennen, wann der nächste Beitrag beginnt. Darüber hinaus können Sie aus der Aussage des Beispiels und der richtigen Zuordnungen weitere Informationen zu den drei Beiträgen entnehmen, z. B. zu den Genres (Roman – Sachbuch oder Fiktion – Dokumentation). Außerdem lässt sich mithilfe des Beispiels oft erkennen, ob eine Antwortoption bei einer Aufgabe eher wahrscheinlich oder eher unwahrscheinlich ist.

→ Die drei in der Sendung besprochenen Beiträge lassen sich thematisch grob einem Themengebiet zuordnen. Beim genauen Lesen der Aufgaben kann man dieses Themengebiet gut erkennen. Das hilft Ihnen, Ihr Vorwissen zu diesem Thema zu aktivieren und dadurch die Texte besser zu verstehen.

→ Jede Aussage kann nur einmal zugeordnet werden; zu jedem Werk (a, b oder c) gibt es mindestens eine und höchstens drei Aussagen. Nutzen Sie diese Information für Ihre Entscheidung, falls Sie z. B. keine oder mehr als drei Aussagen zugeordnet haben.

→ Notieren Sie immer eine Lösung, auch wenn Sie nicht ganz sicher sind. Vielleicht ist sie ja richtig.

## Teil 1

1

Sie hören eine Radiosendung über neue Podcasts.
Sie hören den Text **einmal**. Wählen Sie bei jeder Aufgabe, zu welchem Podcast die Aussage passt.
Lesen Sie jetzt die Aufgaben 1 bis 6. Dazu haben Sie 60 Sekunden Zeit.

**Beispiel:**

**0** Der Podcast schildert die Perspektive einer Person.

[a] Podcast 1 – O-Ton aus dem Paradies [X] Podcast 2 – Tausende Schritte [c] Podcast 3 – Nachhaltiger Tourismus

**1** Der Podcast wirft einen Blick auf die europäische Alltagsgeschichte.

[a] Podcast 1 [b] Podcast 2 [c] Podcast 3

**2** Die Bedeutungslosigkeit des Menschen gegenüber der Natur wird geschildert.

[a] Podcast 1 [b] Podcast 2 [c] Podcast 3

**3** Der Podcast erzählt die Geschichte von Urlaubsparadiesen.

[a] Podcast 1 [b] Podcast 2 [c] Podcast 3

**4** Der Podcast enthält die Schilderungen vieler Menschen.

[a] Podcast 1 [b] Podcast 2 [c] Podcast 3

**5** Der Podcast setzt sich mit den Auswirkungen des Breitentourismus auseinander.

[a] Podcast 1 [b] Podcast 2 [c] Podcast 3

**6** Viele Blickwinkel auf ein Traumziel zeigen die Zerbrechlichkeit der Welt.

[a] Podcast 1 [b] Podcast 2 [c] Podcast 3

### Info

Dauer: ca. 12 Minuten
Text: Interview
Hören: zweimal
Aufgaben: 9
Punkte: 9

### Das muss ich tun!

Sie hören ein Interview mit einer Expertin oder einem Experten und entscheiden bei 9 Aussagen, ob die Information richtig („stimmt"), falsch („stimmt nicht") oder nicht im Text enthalten („dazu wird nichts gesagt") ist.

## Wie mache ich das?

Die Teile des Moduls *Hören* werden ohne Unterbrechung am Stück abgespielt. *Hören Teil 2* kommt direkt nach Teil 1 und läuft folgendermaßen ab:

1. Sie hören zuerst die Anweisungen zu Teil 2. Achten Sie dabei auf den Fachbereich (Wissenschaft, Kultur, Politik o.Ä.) der interviewten Persönlichkeit.
2. Lesen Sie vor dem Hören des Interviews die Aufgaben **7** bis **15**. Sie haben dazu 60 Sekunden Zeit. Markieren Sie beim Lesen Schlüsselwörter (siehe Seite 16).
3. Sie hören nach diesen 60 Sekunden einen Signalton. Konzentrieren Sie sich jetzt auf das Interview.
4. Achten Sie während des Hörens darauf, wann etwas zu Aufgabe **7** gesagt wird. Hören Sie genau zu, was zu den Schlüsselwörtern bzw. zu Synonymen der Schlüsselwörter gesagt wird, und entscheiden Sie, ob die Aussage stimmt (**a**) oder nicht stimmt (**b**) oder ob zu dieser Aussage im Interview nichts gesagt wird (**c**). Markieren Sie Ihre Lösung direkt auf dem Aufgabenblatt, während Sie hören.
5. Achten Sie dann auf die Stelle, an der etwas zu Aufgabe **8** gesagt wird, auch wenn Sie noch keine Lösung für Aufgabe **7** gefunden haben. Sonst verpassen Sie wichtige Informationen. Denn der Hörtext läuft automatisch weiter und wird nicht gestoppt.
6. Bearbeiten Sie die Aufgaben **8** bis **15** auf die gleiche Weise.
7. Nach dem Ende des Vortrags hören Sie folgenden Hinweis: „Sie hören jetzt den Text noch einmal."
8. Konzentrieren Sie sich beim zweiten Hören auf die Aufgaben, bei denen Sie noch unsicher sind oder bei denen Sie noch keine Lösung gefunden haben. Überprüfen Sie zur Sicherheit auch die Aufgaben, die Sie schon gelöst haben.
9. Am Ende hören Sie den Hinweis „Ende Teil 2". Danach geht es gleich weiter mit *Hören Teil 3*.

### TIPPS

→ Beim Lesen der Aufgaben können Sie das Thema des Interviews schnell erkennen. Überlegen Sie, was Ihnen zu diesem Thema einfällt und was Sie dazu bereits wissen. Das hilft, das Interview leichter zu verstehen. Hören Sie dennoch genau zu, denn im Text kann es Aussagen geben, die Ihrem Vorwissen widersprechen.

→ Die Aussagen folgen dem Verlauf des Textes. Sie können sie also Schritt für Schritt bearbeiten.

→ Aussagen sind richtig, wenn sie inhaltlich mit Aussagen des Interviews übereinstimmen und das Gesagte bestätigen. Aussagen stimmen nicht, wenn sie dem Text widersprechen. Die Option „dazu wird nichts gesagt" wählt man, wenn man zu der Aussage keine Informationen im Interview hören kann. Beachten Sie: Die Antwortoption „dazu wird nichts gesagt" ist bei maximal zwei Aufgaben die richtige Antwort.

→ Lesen Sie die Aussagen vor dem Hören genau. Beachten Sie, dass die Schlüsselwörter, die Sie markieren, im Interview auch in Form von Umschreibungen und Synonymen vorkommen. Eine Aussage ist jedenfalls nicht automatisch richtig, wenn ein Schlüsselwort, das Sie in der Aussage markiert haben, im Interview wörtlich genannt wird.

→ Markieren Sie immer eine Lösung. Wenn Sie nach dem zweiten Hören noch immer unsicher sind, nutzen Sie Ihr Vorwissen oder Ihre Vermutungen zu diesem Thema.

## 2 Teil 2

Sie hören ein Radiointerview mit einer Persönlichkeit aus der Wissenschaft.
Sie hören den Text **zweimal**. Wählen Sie bei jeder Aufgabe die richtige Lösung.
Lesen Sie jetzt die Aufgaben 7 bis 15. Dazu haben Sie 60 Sekunden Zeit.

**7** Dr. Frentzen sieht Pro- und Contra-Argumente beim Thema eines obligatorischen Sozialdienstes.

[a] stimmt [b] stimmt nicht [c] dazu wird nichts gesagt

**8** Im Grundgesetz gibt es schwer zu überwindende Hindernisse für obligatorische Sozialdienste.

[a] stimmt [b] stimmt nicht [c] dazu wird nichts gesagt

**9** Der Gesetzgeber möchte das Grundgesetz in Kürze ändern.

[a] stimmt [b] stimmt nicht [c] dazu wird nichts gesagt

**10** Der Moderator glaubt, dass der Wehrdienst niemals hätte abgeschafft werden sollen.

[a] stimmt [b] stimmt nicht [c] dazu wird nichts gesagt

**11** Dr. Frentzen sagt, dass verpflichtende soziale Einsätze überzeugende Gründe haben müssen.

[a] stimmt [b] stimmt nicht [c] dazu wird nichts gesagt

**12** Dr. Frentzen gibt einen vollständigen Überblick über die für ein soziales Praktikum geeigneten Berufsgruppen.

[a] stimmt [b] stimmt nicht [c] dazu wird nichts gesagt

**13** Das Ableisten eines sozialen Jahres sollte auch außerhalb Deutschlands ermöglicht werden.

[a] stimmt [b] stimmt nicht [c] dazu wird nichts gesagt

**14** Dr. Frentzen meint, dass ein soziales Jahr auch als Orientierung für die spätere Berufswahl dienen könnte.

[a] stimmt [b] stimmt nicht [c] dazu wird nichts gesagt

**15** Viele Menschen mit Behinderung interessieren sich für ihre Arbeit und sind hochmotiviert.

[a] stimmt [b] stimmt nicht [c] dazu wird nichts gesagt

# HÖREN 3 TIPPS & TRICKS

## Info

Dauer: ca. 6 Minuten
Text: Gespräch in 4 Abschnitten
Hören: einmal
Aufgaben: 8
Punkte: 8

## Das muss ich tun!

Sie hören ein Gespräch im Radio mit einer Moderatorin / einem Moderator und 2 Gästen in 4 Abschnitten und lösen zu jedem Abschnitt 2 Aufgaben. Dabei entscheiden Sie, welche von 3 Optionen (a, b oder c) mit dem Inhalt des Gesprächs übereinstimmt.

## Wie mache ich das?

Die Teile des Moduls *Hören* werden ohne Unterbrechung am Stück abgespielt. *Hören Teil 3* kommt direkt nach Teil 2 und läuft folgendermaßen ab:

1. Sie hören zuerst die Anweisungen zu Teil 3. Achten Sie dabei auf das Thema des Vortrags und versuchen Sie, Ihr Vorwissen dazu zu aktivieren.
2. Lesen Sie vor dem Hören des ersten Abschnitts die Aufgaben **16** und **17**. Sie haben dazu 30 Sekunden Zeit. Markieren Sie beim Lesen Schlüsselwörter in den Satzanfängen und in den Satzfortsetzungen **a**, **b** und **c**. Achten Sie auf die Unterschiede in den drei Satzfortsetzungen.
3. Sie hören nach diesen 30 Sekunden einen Signalton. Konzentrieren Sie sich jetzt auf den ersten Abschnitt des Gesprächs.
4. Achten Sie während des Hörens darauf, an welcher Stelle etwas zu Aufgabe **16** gesagt wird. Hören Sie genau zu, was zu den Schlüsselwörtern bzw. zu Synonymen der Schlüsselwörter gesagt wird, und entscheiden Sie sich für eine der drei Antwortoptionen **a**, **b** oder **c**. Markieren Sie Ihre Lösung direkt auf dem Aufgabenblatt, während Sie hören.
5. Achten Sie dann auf die Stelle, an der etwas zu Aufgabe **17** gesagt wird, auch wenn Sie noch keine Lösung für Aufgabe **16** gefunden haben. Sonst verpassen Sie wichtige Informationen. Denn der Hörtext läuft automatisch weiter und wird nicht gestoppt.
6. Bearbeiten Sie die Aufgaben **18** bis **23** zu den drei weiteren Abschnitten auf die gleiche Weise.
7. Nach dem Ende des vierten Abschnitts hören Sie den Hinweis „Ende Teil 3". Danach geht es gleich weiter mit *Hören Teil 4*.

### TIPPS

→ Beim Lesen der Aufgaben können Sie das Thema des Gesprächs schnell erkennen. Überlegen Sie, was Ihnen zu diesem Thema einfällt und was Sie dazu bereits wissen. Das hilft, das Gespräch leichter zu verstehen. Hören Sie dennoch genau zu, denn es kann Aussagen geben, die Ihrem Vorwissen widersprechen. Achten Sie auch darauf, welche Position die Beteiligten im Gespräch zu dem Thema einnehmen.

→ Das Gespräch ist in Abschnitte unterteilt und die Aufgaben folgen dem Textverlauf. Dadurch müssen Sie sich jeweils nur auf zwei Aufgaben konzentrieren und können die Aufgaben Schritt für Schritt bearbeiten.

→ Lesen Sie die Aussagen vor dem Hören genau. Beachten Sie, dass die Schlüsselwörter, die Sie markieren, im Interview auch in Form von Umschreibungen und Synonymen vorkommen. Eine Aussage ist jedenfalls nicht automatisch richtig, wenn ein Schlüsselwort, das Sie in der Aussage markiert haben, im Hörtext wörtlich genannt wird. Sie ist nur dann richtig, wenn sie inhaltlich mit den Aussagen im Gespräch übereinstimmt.

→ Die Stimmen der drei Personen im Gespräch lassen sich gut unterscheiden. Außerdem werden die Gesprächsgäste vom Moderator mit Namen angesprochen. Achten Sie gut darauf, wer gerade spricht. Das hilft Ihnen beim Lösen der Aufgaben.

→ Markieren Sie immer eine Lösung. Wenn Sie nach dem Hören noch immer unsicher sind, nutzen Sie Ihr Vorwissen oder Ihre Vermutungen zu diesem Thema.

## 3 Teil 3

Sie hören ein Gespräch mit mehreren Personen über den Fachkräftemangel.
Sie hören den Text in vier Abschnitten jeweils **einmal**. Zu jedem Abschnitt gibt es zwei Aufgaben.
Wählen Sie bei jeder Aufgabe die richtige Lösung.
Vor dem Hören eines Abschnitts haben Sie 30 Sekunden Zeit, um die zwei Aufgaben zu lesen.

**16** Der Fachkräftemangel könnte dazu führen, dass ...

[a] im Gesundheitswesen zu wenig Personal zur Verfügung steht.
[b] Lastwagenfahrer nicht mehr genügend Ware bekommen.
[c] viele Supermärkte aus Mangel an Waren schließen.

**17** Herr Osterholz ...

[a] beklagt den Mangel an Fachkräften mit Schwerpunkt Naturwissenschaften.
[b] erwähnt die Klage der Unternehmen über fehlende Fachkräfte im MINT-Bereich.
[c] sieht das Hauptproblem bei den klassischen Ausbildungsberufen.

**18** Studierende der MINT-Fächer ...

[a] können den demografischen Wandel in der Arbeitswelt nicht ausgleichen.
[b] können die Aufgaben der älteren Arbeitskräfte schnell übernehmen.
[c] sollen die Fachkräfte bereits während des Studiums unterstützen.

**19** Frau Ebner-Perotti ...

[a] glaubt nicht, dass es nur eine richtige Lösung gibt.
[b] sieht in der Zuwanderung den besten Lösungsansatz.
[c] spricht sich gegen die Entscheidungen aus der Politik aus.

**20** Herr Osterholz ...

[a] erkennt im Spracherwerb eine zwingende Voraussetzung.
[b] möchte Zuwanderer nur mit ausreichenden Sprachkennnissen einreisen lassen.
[c] sieht in der Zuwanderung eine unproblematische Lösung für den Pflegenotstand.

**21** Frau Ebner-Perotti ...

[a] befürchtet sinkende Löhne durch billige Arbeitskräfte.
[b] fordert, die Anwerbung junger, gut ausgebildeter Menschen zu stoppen.
[c] sieht die Abwanderung von Fachkräften problematisch.

**22** Herr Osterholz warnt vor ...

[a] steigenden Lohnkosten.
[b] Streit mit südeuropäischen Ländern.
[c] zu hohen Qualitätsstandards bei der Ausbildung.

**23** Für Frau Ebner-Perotti sind ...

[a] faire Bezahlung und passende Sozialleistungen wichtig.
[b] Forschungen zur Vereinbarkeit von Familie und Beruf wünschenswert.
[c] kostenlose Kinderbetreuungsangebote in den Betrieben notwendig.

# HÖREN 4 TIPPS & TRICKS

**Info**

Dauer: ca. 12 Minuten
Text: Vortrag
Hören: zweimal
Aufgaben: 7
Punkte: 7

**Das muss ich tun!**

Sie hören einen Vortrag einer Expertin / eines Experten. Dabei entscheiden Sie bei insgesamt 7 Satzanfängen bzw. Fragen, welche von 3 Optionen (a, b oder c) mit dem Inhalt des Vortrags übereinstimmt.

## Wie mache ich das?

Die Teile des Moduls *Hören* werden ohne Unterbrechung am Stück abgespielt. *Hören Teil 4* kommt direkt nach *Hören Teil 3* und läuft folgendermaßen ab:

1. Sie hören zuerst die Anweisungen zu *Hören Teil 4*. Achten Sie dabei auf das Thema des Vortrags und versuchen Sie, Ihr Vorwissen dazu zu aktivieren.
2. Lesen Sie vor dem Hören die Aufgaben **24** bis **30**. Sie haben dazu 90 Sekunden Zeit. Markieren Sie beim Lesen Schlüsselwörter (siehe Seite 16) sowohl in den Satzanfängen bzw. Fragen als auch in den drei Antwortoptionen **a**, **b** und **c**. Achten Sie auf die Unterschiede in den drei Antwortoptionen.
3. Sie hören nach diesen 90 Sekunden einen Signalton. Konzentrieren Sie sich jetzt auf den Vortrag.
4. Achten Sie beim Hören darauf, an welcher Stelle etwas zu Aufgabe **24** gesagt wird und entscheiden Sie sich für eine der drei Antwortoptionen **a**, **b** oder **c**. Markieren Sie Ihre Lösung direkt auf dem Aufgabenblatt, während Sie hören. Wenn Sie zwei Lösungen für möglich halten, kreuzen Sie beide an. Wenn Sie keine Lösung finden, konzentrieren Sie sich auf die nächste Aufgabe. Sonst verpassen Sie wichtige Informationen.
5. Achten Sie dann auf die Stelle, an der etwas zu Aufgabe **25** gesagt wird, auch wenn Sie noch keine Lösung für Aufgabe **24** gefunden haben. Denn der Hörtext läuft automatisch weiter und wird nicht gestoppt.
6. Nach dem Ende des Vortrags hören Sie folgenden Hinweis: „Sie hören jetzt den Text noch einmal."
7. Konzentrieren Sie sich beim zweiten Hören auf die Aufgaben, bei denen Sie noch unsicher sind oder bei denen Sie noch keine Lösung gefunden haben. Überprüfen Sie zur Sicherheit auch die Aufgaben, die Sie schon gelöst haben.
8. Nach dem Ende der Wiederholung des Vortrags hören Sie den Hinweis „Ende Teil 4" sowie folgende Anweisung: „Schreiben Sie jetzt Ihre Lösungen auf den Antwortbogen. Dazu haben Sie drei Minuten Zeit." Übertragen Sie jetzt alle Lösungen des Moduls *Hören* auf den Antwortbogen.
9. Nach Ablauf der drei Minuten hören Sie einen Signalton und den Hinweis „Ende des Moduls *Hören*".

**TIPPS**

→ Überlegen Sie vor dem Hören ganz kurz, was Ihnen zum Thema des Vortrags einfällt. Das hilft Ihnen dabei, den Vortrag leichter zu verstehen. Hören Sie dennoch genau zu, denn im Text kann es Aussagen geben, die Ihrem Vorwissen widersprechen.

→ Achten Sie darauf, dass Sie die 90 Sekunden zum Lesen der Aufgaben dazu nutzen, die Aussagen, die Sie zuordnen sollen, möglichst genau zu verstehen.

→ Achten Sie auf kleine Bedeutungsunterschiede zwischen den einzelnen Aussagen. Ihre Aufgabe ist es, unter sehr ähnlichen Aussagen diejenige zu finden, die im Hörtext wirklich erwähnt wird.

→ Markieren Sie Schlüsselwörter, um sich beim Hören im Text gut orientieren zu können. Achten Sie aber darauf, dass Sie den Kontext der Schlüsselwörter beim Hören gut erfassen. Ein Schlüsselwort, das in Auswahlaufgabe und Hörtext vorkommt, ist keine Garantie für eine richtige Lösung. Achten Sie deswegen auch auf Paraphrasen und Umschreibungen der Schlüsselwörter.

→ Notieren Sie immer eine Lösung, auch wenn Sie nicht ganz sicher sind. Vielleicht ist sie ja richtig.

4

## Teil 4

Sie hören einen Vortrag über die Pockenimpfung.
Sie hören den Text **zweimal**. Wählen Sie bei jeder Aufgabe die richtige Lösung.
Lesen Sie jetzt die Aufgaben 24 bis 30. Dazu haben Sie 90 Sekunden Zeit.

**24** Was weiß man über die Geschichte der Pocken?

- [a] Die Krankheit gibt es schon so lange, wie die Menschheit existiert.
- [b] Diese Krankheit wird schon seit Jahrhunderten erforscht.
- [c] Schon vor mehreren Jahrhunderten gab es in China Impfmaßnahmen gegen die Pocken.

**25** Bei der Vakzination ...

- [a] entsteht ein zweifacher Impfschutz gegen die sehr gefährlichen Pocken.
- [b] schützt man sich vor Pocken durch die Infektion mit einem harmloseren Erreger.
- [c] wird die Gefahr, sich mit dem Kuhpocken-Erreger zu infizieren, verringert.

**26** Im 18. Jahrhundert hatten mehrere Ärzte ...

- [a] die Immunisierung gegen die echten Pocken durch eine Infektion mit Kuhpocken erkannt.
- [b] einen Pockenimpfstoff entwickelt und ihn nach dem lateinischen Namen für „Kuh“ benannt.
- [c] Kühe zum Schutz vor einer Infektion mit den Kuhpocken geimpft.

**27** 1874 wurde im Deutschen Reich die Impfplicht gegen Pocken eingeführt, weil ...

- [a] andere Staaten die Pockenimpfung bereits erfolgreich getestet hatten.
- [b] Bayern diese schon 70 Jahre früher eingeführt hatte.
- [c] es wenige Jahre zuvor zu einer Pocken-Epidemie gekommen war.

**28** Welche Argumente wurden von Impfgegnern vorgebracht?

- [a] Die Impfung stellt einen Eingriff Gottes in die Natur dar.
- [b] Durch die Impfung kann es zu gesundheitlichen Schäden kommen.
- [c] Nach der Impfung verwandeln sich Menschen in Kühe.

**29** Die Aktivitäten der Impfgegner führten dazu, dass ...

- [a] die Pockenimpfung als riskanteste Impfung der Welt angesehen wurde.
- [b] die Vorteile der Impfung überwiegend übersehen wurden.
- [c] sich weniger Menschen impfen lassen wollten.

**30** Die Pockenerreger ...

- [a] sind nach dem heutigen Wissensstand fast ausgerottet.
- [b] sind weiterhin für die Erprobung neuer Impfstoffe wichtig.
- [c] werden noch heute zu wissenschaftlichen Zwecken gelagert.

# HÖREN ANTWORTBOGEN

**Teil 1**

| | a | b | c |
|---|---|---|---|
| **1** | ☐ | ☐ | ☐ |
| **2** | ☐ | ☐ | ☐ |
| **3** | ☐ | ☐ | ☐ |
| **4** | ☐ | ☐ | ☐ |
| **5** | ☐ | ☐ | ☐ |
| **6** | ☐ | ☐ | ☐ |

**Teil 2**

| | a | b | c |
|---|---|---|---|
| **7** | ☐ | ☐ | ☐ |
| **8** | ☐ | ☐ | ☐ |
| **9** | ☐ | ☐ | ☐ |
| **10** | ☐ | ☐ | ☐ |
| **11** | ☐ | ☐ | ☐ |
| **12** | ☐ | ☐ | ☐ |
| **13** | ☐ | ☐ | ☐ |
| **14** | ☐ | ☐ | ☐ |
| **15** | ☐ | ☐ | ☐ |

**Teil 3**

| | a | b | c |
|---|---|---|---|
| **16** | ☐ | ☐ | ☐ |
| **17** | ☐ | ☐ | ☐ |
| **18** | ☐ | ☐ | ☐ |
| **19** | ☐ | ☐ | ☐ |
| **20** | ☐ | ☐ | ☐ |
| **21** | ☐ | ☐ | ☐ |
| **22** | ☐ | ☐ | ☐ |
| **23** | ☐ | ☐ | ☐ |

**Teil 4**

| | a | b | c |
|---|---|---|---|
| **24** | ☐ | ☐ | ☐ |
| **25** | ☐ | ☐ | ☐ |
| **26** | ☐ | ☐ | ☐ |
| **27** | ☐ | ☐ | ☐ |
| **28** | ☐ | ☐ | ☐ |
| **29** | ☐ | ☐ | ☐ |
| **30** | ☐ | ☐ | ☐ |

Diesen Antwortbogen finden Sie zum Ausdrucken auch im Internet unter:
www.hueber.de/pruefung-express

## Informationen zum Modul *Schreiben*

Das Modul *Schreiben* besteht aus zwei Teilen und dauert 75 Minuten. Sie schreiben zwei Texte: In Teil 1 schreiben Sie einen Forumsbeitrag zu einem vorgegebenen Thema und in Teil 2 eine (halb-)formelle Nachricht, z. B. eine E-Mail, zu einer vorgegebenen Situation. In beiden Teilen müssen Sie sich jeweils an vier Inhaltspunkten orientieren.
Die Reihenfolge, in der Sie die einzelnen Teile bearbeiten möchten, können Sie selbst bestimmen. Schreiben Sie Ihre Texte auf die Antwortbogen.

Die Zeitangaben in der folgenden Tabelle dienen zu Ihrer Orientierung: Länger sollten Sie für die Bearbeitung der Aufgaben nicht brauchen, um nicht in Zeitnot zu geraten.

### Übersicht über die einzelnen Prüfungsteile

| Teil | Texte | Aufgaben | Punkte | Zeit (Empfehlung) | Ziel |
|---|---|---|---|---|---|
| **1** | Forumsbeitrag | Sie verfassen eine Meinungsäußerung in Form eines Forumsbeitrags zu einem vorgegebenen Thema mit vier Inhaltspunkten. Der Text soll circa 230 Wörter umfassen. | 60 | 50 Minuten | Sie zeigen, dass Sie sich schriftlich klar und gut strukturiert zu einem kontroversen Thema detailliert äußern, schlüssig und logisch argumentieren und dabei abwechslungsreichen und angemessenen Wortschatz und komplexe Strukturen sicher verwenden können. |
| **2** | (Halb-)formelle Nachricht | Sie schreiben eine Nachricht zu einer vorgegebenen Situation mit vier Inhaltspunkten. Der Text soll circa 120 Wörter umfassen. | 40 | 25 Minuten | Sie zeigen, dass Sie sich schriftlich klar und strukturiert zu einer Fragestellung situationsadäquat im passenden sprachlichen Register äußern, schlüssig und logisch argumentieren und Ihre eigene Meinung ausführlich darstellen können. |

# SCHREIBEN 1 TIPPS & TRICKS

**Info**

Dauer: ca. 50 Minuten
Text: Forumsbeitrag
Aufgabe: 1
Punkte: 60

**Das muss ich tun!**

Sie schreiben einen Forumsbeitrag zu einem vorgegebenen Thema mit vier Inhaltspunkten. Der Text soll circa 230 Wörter umfassen.

## Wie mache ich das?

1. Lesen Sie das Thema sowie die vier Inhaltspunkte, die Sie berücksichtigen sollen, genau.
2. Bevor Sie mit dem Schreiben beginnen, sammeln Sie Ihre Ideen auf Ihrem Notizpapier. Fertigen Sie dazu einen kurzen Schreibplan (Gliederung Ihrer Ideen) an und machen Sie sich stichpunktartig Notizen zu den einzelnen Punkten. Für die Ideensammlung und den Schreibplan sollten Sie nicht mehr als 10 Minuten verwenden.
3. Schreiben Sie nun Ihren Text direkt auf den Antwortbogen. Sie haben keine Zeit, erst auf dem Notizpapier vorzuformulieren, und nur das, was auf dem Antwortbogen steht, wird bewertet.
4. Ihr Text muss eine Einleitung, einen Hauptteil und einen Schluss enthalten und im Hauptteil alle Inhaltspunkte der Aufgabe berücksichtigen.
5. Überprüfen Sie kurz, ob Ihr Text circa 230 Wörter umfasst.
6. Planen Sie am Ende mindestens 5 Minuten ein, um Ihren Text zu überprüfen und gegebenenfalls Fehler zu korrigieren. Achten Sie dabei besonders auf für Sie „typische" Fehler, auf die Wortstellung und die Zeichensetzung.

**TIPPS**

→ Lesen Sie die Aufgabenstellung genau und berücksichtigen Sie in Ihrem Text auch die Sprachhandlungen, die in der Aufgabe von Ihnen gefordert werden (vgl. Seite 79).

→ Nutzen Sie die Reihenfolge der vier vorgegebenen Inhaltspunkte, um eine Gliederung bzw. einen Schreibplan für Ihren Hauptteil zu entwickeln. Der Hauptteil macht den größten Teil Ihres Textes aus und wird durch eine kurze Einleitung und einen kurzen Schluss ergänzt.

→ Schauen Sie während des Schreibens immer wieder auf Ihren Schreibplan, damit Sie den Überblick nicht verlieren. Sie können Ihren Schreibplan auch weiterentwickeln, indem Sie neue Ideen, die Sie beim Schreiben haben, einfügen.

→ Wichtig ist, dass Sie einen „runden" Text schreiben: Er sollte übersichtlich und klar gegliedert sein. Das erreichen Sie durch Überleitungen zwischen den Textabschnitten und durch logische sprachliche Satzverbindungen und Textverknüpfungen. Dadurch wird Ihr Text „geschmeidiger" und leserfreundlicher. Zugleich werden Textzusammenhänge deutlicher und nachvollziehbarer.

→ Schreiben Sie möglichst abwechslungsreich und zeigen Sie, was Sie sprachlich können, indem Sie verschiedene komplexe Strukturen und einen variantenreichen Wortschatz verwenden.

→ Formulieren Sie möglichst sachlich und neutral. Verwenden Sie keine Umgangssprache.

→ Vermeiden Sie Leerformeln und auswendig gelernte Floskeln ohne inhaltlichen Mehrwert. Setzen Sie Redemittel (vgl. Seite 82–83) sparsam und sinnvoll ein. Eine Aneinanderreihung von auswendig gelernten Phrasen wird negativ beurteilt.

→ Weitere Schreibtipps finden Sie auf den Seiten 77–81.

## Teil 1 vorgeschlagene Arbeitszeit: 50 Minuten

Für das Internetforum *Mobilität von morgen* verfassen Sie einen Diskussionsbeitrag zu diesem Thema:

**Das eigene Auto – noch immer ein Wunschtraum?**
**Sollte man auf ein eigenes Auto verzichten?**

- Erklären Sie, ob man heutzutage noch ein eigenes Auto besitzen sollte.
- Argumentieren Sie anhand eines Beispiels gegen den Besitz eines eigenen Wagens.
- Nennen Sie Gründe, die für den Besitz eines eigenen Wagens sprechen.
- Erläutern Sie eine Alternative zum eigenen Wagen.

Schreiben Sie circa **230** Wörter.

**Für Teil 1 und Teil 2 gilt:**
Bei der Bewertung wird darauf geachtet, wie genau die Inhaltspunkte bearbeitet sind, wie korrekt der Text ist und wie gut die Sätze und Abschnitte sprachlich miteinander verknüpft sind.

# SCHREIBEN 2 TIPPS & TRICKS

## Info

Dauer: ca. 25 Minuten
Text: E-Mail
Aufgabe: 1
Punkte: 40

## Das muss ich tun!

Sie schreiben eine (halb-)formelle Mitteilung, z. B. in Form einer E-Mail, zu einer vorgegebenen Situation mit vier Inhaltspunkten. Der Text soll circa 120 Wörter umfassen.

## Wie mache ich das?

1. Lesen Sie die Aufgabenstellung mit den vier Inhaltspunkten, die Sie berücksichtigen sollen, genau.
2. Bevor Sie mit dem Schreiben beginnen, sammeln Sie Ihre Ideen auf Ihrem Notizpapier. Fertigen Sie dazu einen kurzen Schreibplan an (Gliederung Ihrer Ideen) und machen Sie sich stichpunktartig Notizen zu den einzelnen Punkten. Für die Ideensammlung und den Schreibplan sollten Sie nicht mehr als 5 Minuten verwenden.
3. Schreiben Sie nun Ihren Text direkt auf den Antwortbogen. Sie haben keine Zeit, erst auf dem Notizpapier vorzuformulieren, und nur das, was auf dem Antwortbogen steht, wird bewertet.
4. Achten Sie darauf, dass Sie alle inhaltlichen Punkte der Aufgabenstellung berücksichtigen, und denken Sie an Anrede und Grußformel.
5. Überprüfen Sie kurz, ob Ihr Text circa 120 Wörter umfasst.
6. Planen Sie am Ende mindestens 2 Minuten ein, um Ihren Text zu überprüfen und gegebenenfalls Fehler zu korrigieren. Achten Sie dabei besonders auf für Sie „typische" Fehler, auf die Wortstellung und die Zeichensetzung.

## TIPPS

→ Lesen Sie die Aufgabenstellung genau und berücksichtigen Sie in Ihrem Text auch die Sprachhandlungen, die in der Aufgabe von Ihnen gefordert werden (vgl. Seite 79).

→ Achten Sie darauf, dass Sie alle inhaltlichen Punkte berücksichtigen, und denken Sie an passende Anrede- und Grußformeln.

→ Gehen Sie nach der Gliederung, die durch die Reihenfolge der Inhaltspunkte vorgegeben wird, vor und strukturieren Sie Ihren Text entsprechend. Sie können vorab einen Schreibplan mit Stichpunkten entwickeln, der Ihnen beim Schreiben Orientierung bietet.

→ Beachten Sie die Situation und formulieren Sie in einem höflichen und sachlichen Ton. Machen Sie auf das Problem aufmerksam, zeigen Sie aber immer auch Verständnis für die Position der Adressatin / des Adressaten Ihres Textes und machen Sie einen Kompromissvorschlag.

→ Versetzen Sie sich beim Schreiben in die Rolle der Adressatin / des Adressaten Ihrer Mitteilung: Welche Art von Mitteilung würden Sie gern lesen, wenn es um ein zu lösendes Problem geht?

→ Wichtig ist, dass Sie einen „runden" Text schreiben: Er sollte übersichtlich und klar gegliedert sein. Das erreichen Sie durch Überleitungen zwischen den Textabschnitten und durch logische sprachliche Satzverbindungen und Textverknüpfungen. Dadurch wird Ihr Text „geschmeidiger" und leserfreundlicher. Zugleich werden Textzusammenhänge deutlicher und nachvollziehbarer.

→ Schreiben Sie möglichst abwechslungsreich und zeigen Sie, was Sie sprachlich können, indem Sie verschiedene komplexe Strukturen und einen variantenreichen Wortschatz verwenden.

→ Vermeiden Sie Leerformeln und auswendig gelernte Floskeln ohne inhaltlichen Mehrwert. Setzen Sie Redemittel (vgl. Seite 82–83) sparsam und sinnvoll ein. Eine Aneinanderreihung von auswendig gelernten Phrasen wird negativ beurteilt.

→ Weitere Schreibtipps finden Sie auf den Seiten 79–81.

## Teil 2 vorgeschlagene Arbeitszeit: 25 Minuten

Im Zuge der Digitalisierung der Arbeit sowie der Homeoffice-Praxis in Ihrer Firma wird diskutiert, Teambesprechungen nur noch online durchzuführen. Für Ihr neu zusammengestelltes Team haben Sie einige Bedenken.
Schreiben Sie eine E-Mail an Ihre Vorgesetzte, Frau Gruber-Schmitz, in der Sie Ihre Bedenken äußern.

- Eröffnen Sie Ihr Schreiben höflich, indem Sie Verständnis für diese Entscheidung zeigen.
- Nennen Sie Bedenken, die Sie in Bezug auf Ihr Team in diesem Zusammenhang haben.
- Beschreiben Sie das Arbeitsklima, das Sie für Ihr Team anstreben.
- Machen Sie einen Kompromissvorschlag.

Schreiben Sie circa **120** Wörter.

**Für Teil 1 und Teil 2 gilt:**
Bei der Bewertung wird darauf geachtet, wie genau die Inhaltspunkte bearbeitet sind, wie korrekt der Text ist und wie gut die Sätze und Abschnitte sprachlich miteinander verknüpft sind.

# Schreiben als Prozess

## Wie funktioniert Schreiben?

Schreiben ist ein Prozess, der in drei große Bereiche unterteilt werden kann:

- Planungsphase
- Schreibphase
- Überarbeitungsphase

Befreien Sie sich von der Vorstellung, dass Sie nur dann gut auf das Modul *Schreiben* vorbereitet sind, wenn Sie aus dem Stand einen perfekten Text auf das Papier bringen können. Das gelingt auch Personen mit Deutsch als Muttersprache in der Regel nicht. Selbst professionelle Autorinnen und Autoren überarbeiten ihre Texte mehrfach, bevor sie veröffentlicht werden.

Für die Planungsphase finden Sie Methoden der Ideenfindung und Hinweise in den Hilfen für das Modul *Schreiben* im Anhang (siehe Seite 77–81). Nehmen Sie sich Zeit für die Planung Ihres Textes. Damit entlasten Sie sich für den konkreten Vorgang des Schreibens.

Bei der Verschriftlichung Ihrer Ideen müssen Sie viele Dinge gleichzeitig beachten und tun. Sie müssen auf Satzbau, passende Wortwahl, grammatische und orthografische Korrektheit und auf logische Textbezüge achten, um aus Einzelsätzen einen argumentativen Sachtext zu machen. Dabei kann es bei aller Konzentration natürlich zu Fehlern und Ungenauigkeiten kommen. Deswegen ist die dritte Phase des Schreibens, nämlich die Überarbeitung, so wichtig. Planen Sie dafür ausreichend Zeit ein und lesen Sie Ihren Text noch einmal. Achten Sie auf Ungenauigkeiten und Unkorrektheiten und versuchen Sie diese zu verbessern.

## Wie kann ich mich vorbereiten?

Schreiben ist komplex – aber glücklicherweise gibt es viele Hilfen und Strategien:

- Erweitern Sie Ihr strategisches Potenzial: Analysieren Sie während der Prüfungsvorbereitung die Methoden zur Ideenfindung und Planung (siehe Seite 77–78), trainieren Sie diese und entscheiden Sie sich für die Methode, mit der Sie am erfolgreichsten sind.
- Vertiefen Sie Ihr Wissen über die geforderten Textsorten: In der Prüfung sollen Sie einen Diskussionsbeitrag und eine Beschwerde bzw. einen Vorschlag an eine Person schreiben. Wenn Sie beispielsweise sicher wissen, wie eine formelle Nachricht aufgebaut sein soll (siehe Seite 79), haben Sie eine gute Grundlage, die Ihnen beim Sammeln von Ideen und beim Schreiben hilft.
- Trainieren Sie Ihr Zeitmanagement: Zur Prüfungsvorbereitung gehört auch, dass Sie unter Prüfungsbedingungen üben und die Abfolge von Planungsphase, Produktion und Überarbeitung automatisieren. In der Prüfung haben Sie keine Zeit, über diesen Ablauf nachzudenken.
- Lesen Sie möglichst viele deutsche Sachtexte: Das hilft Ihnen nicht nur beim Training des Leseverstehens und des Hörverstehens, sondern auch beim Schreiben, weil Sie so Ihr Sprachgefühl schärfen und in Ihrem Gedächtnis typische Ausdrucksweisen verankern.
- Nutzen Sie die Korrekturfunktion von Textverarbeitungsprogrammen oder Korrekturen durch andere, um Ihre Schwächen zu erkennen, zu analysieren und zu verbessern.
- Achten Sie beim Schreiben auf eine korrekte Wortstellung: Steht im Hauptsatz wirklich nur ein Satzteil (eine Information) vor dem Verb? Steht bei Konnektoren wie *dass*, *weil*, *wenn* das Verb wirklich am Ende des Satzes? Stehen Konjunktionaladverbien wie *trotzdem* und *deshalb* alleine vor dem Verb? Hier ist auch die Zeichensetzung wichtig: Setzen Sie immer ein Komma zwischen Haupt- und Nebensatz und kein Komma, wenn vor dem Verb nur ein Satzteil (und kein Satz) steht. Das macht es den Bewerterinnen und Bewertern leichter, Ihren Text zu lesen.
- Notieren Sie, was Sie hier häufig falsch machen und konzentrieren Sie sich bei der Vorbereitung und während der Prüfung auf diese für Sie typischen Fehler.

# MODUL SPRECHEN

## Informationen zum Modul *Sprechen*

Das Modul *Sprechen* besteht aus zwei Teilen und dauert ca. 20 Minuten. In der Regel handelt es sich um eine Paarprüfung. Sie werden also nicht allein, sondern zusammen mit einer anderen Kandidatin / einem anderen Kandidaten geprüft. Wenn es nur eine Prüfungskandidatin / einen Prüfungskandidaten gibt, übernimmt eine Prüferin / ein Prüfer die Rolle der zweiten Teilnehmerin / des zweiten Teilnehmers. Zur Vorbereitung auf die beiden Teile gibt es eine Vorbereitungszeit von 20 Minuten. Sie können sich während der Vorbereitung Notizen machen. In der Prüfung müssen Sie aber frei sprechen.

## Übersicht über die einzelnen Prüfungsteile

Am Anfang der Prüfung begrüßen sich alle Anwesenden und stellen sich kurz vor.

| Teil | Texte | Aufgaben | Punkte | Zeit | Ziel |
|---|---|---|---|---|---|
| **1** | Vortrag | Sie halten einen Vortrag über ein vorgegebenes Thema mit vier Inhaltspunkten, das Sie aus zwei vorgegebenen Themen ausgewählt haben. Ihre Prüfungspartnerin / Ihr Prüfungspartner stellt im Anschluss Fragen zu Ihrem Vortrag. Eine Prüferin / ein Prüfer kann ebenfalls Fragen stellen. Sie selbst stellen Fragen zum Vortrag Ihrer Prüfungspartnerin / Ihres Prüfungspartners. | 52* | ca. 7 Minuten (für eine Person) | Sie zeigen, dass Sie ein Thema gut strukturiert, flüssig und sprachlich angemessen präsentieren und auf Nachfragen passend antworten können. Außerdem zeigen Sie, dass Sie einem Vortrag folgen können, indem Sie weiterführende Fragen stellen. |
| **2** | Diskussion | Sie diskutieren mit Ihrer Prüfungspartnerin / Ihrem Prüfungspartner über ein vorgegebenes Thema mit vier Inhaltspunkten. | 32* | ca. 5 Minuten (für 2 Personen) | Sie zeigen, dass Sie mit anderen sprachlich angemessen zu einem Thema Meinungen austauschen und auf Argumente reagieren können. |

* Plus insgesamt 16 Punkte für die Aussprache für alle Prüfungsteile des Moduls *Sprechen* zusammen.

**Info**

Dauer: ca. 7 Minuten pro Person
Text: Vortrag, Fragen und Antworten
Aufgabe: 1
Punkte: 52*

**Das muss ich tun!**

Sie wählen eines von 2 vorgegebenen Themen, halten einen kurzen Vortrag dazu und beantworten Fragen. Außerdem stellen Sie Fragen zum Vortrag Ihrer Prüfungspartnerin / Ihres Prüfungspartners.

* Plus insgesamt 16 Punkte im Bereich „Aussprache" für alle Prüfungsteile *Sprechen* zusammen.

## Wie mache ich das?

1. In der Vorbereitungszeit (20 Minuten) erhalten Sie Aufgabenblätter mit zwei Aufgaben bzw. Themen für Ihren Vortrag. Lesen Sie beide Aufgaben und entscheiden Sie sich schnell für eines der beiden Themen. Zu welchem Thema wissen Sie mehr? Welches Thema interessiert Sie mehr?
2. Machen Sie sich stichpunktartig Notizen zum gewählten Thema. Sie müssen nur ca. 5 Minuten sprechen. Wählen Sie daher nur wichtige Aspekte aus und bringen Sie diese in eine logische Reihenfolge, indem Sie sich an den vier Inhaltspunkten aus der Aufgabenstellung orientieren. Achten Sie auf die Zeit: Sie sollten höchstens 12 Minuten für diesen Teil verwenden, die restlichen 8 Minuten für Teil 2 (Diskussion).
4. Ihr Vortrag muss eine Einleitung, einen Hauptteil und einen Schluss enthalten und im Hauptteil alle Inhaltspunkte der Aufgabe berücksichtigen.
5. Nach Ende der Vorbereitungszeit werden Sie in den Prüfungsraum begleitet. Die beiden Prüfenden begrüßen Sie und Ihre Prüfungspartnerin / Ihren Prüfungspartner. Alle stellen sich kurz vor.

*Ablauf, wenn Sie mit Ihrem Vortrag beginnen:*

6. Führen Sie mit einer Einleitung kurz zu Ihrem Thema hin und erläutern Sie die Gliederung Ihres Vortrags. Tragen Sie dann die Aspekte Ihres Hauptteils vor und ziehen Sie am Ende ein Fazit.
7. Im Anschluss an Ihren Vortrag stellt Ihnen Ihre Prüfungspartnerin / Ihr Prüfungspartner Fragen zu Ihren Ausführungen, die Sie kurz beantworten. Auch eine Prüferin / ein Prüfer kann Fragen stellen.
8. Danach hören Sie den Vortrag Ihrer Prüfungspartnerin / Ihres Prüfungspartners. Machen Sie sich stichwortartig Notizen als Grundlage für die Fragen, die Sie Ihrer Prüfungspartnerin / Ihrem Prüfungspartner nach deren / dessen Vortrag stellen sollen.

Wenn Ihre Prüfungspartnerin / Ihr Prüfungspartner mit ihrem / seinem Vortrag beginnt, ist der Ablauf für Sie umgekehrt: Sie hören zuerst dem Vortrag zu und stellen am Ende Fragen. Dann halten Sie Ihren Vortrag und beantworten Fragen.

**TIPPS**

→ Die Vorstellung zu Beginn der Prüfung wird nicht bewertet, aber es macht einen guten Eindruck, wenn Sie auch hier möglichst flüssig und korrekt sprechen.

→ Beachten Sie: Für Einleitung und Schluss Ihres Vortrags sollten Sie jeweils maximal ca. 30 Sekunden verwenden. Dann haben Sie noch ca. 4 Minuten für den Hauptteil.

→ Schreiben Sie in der Vorbereitungszeit nur Stichpunkte auf Ihr Notizblatt. Sie müssen in der Prüfung möglichst frei sprechen. Es hilft, wenn Sie Ihre Stichpunkte gut lesbar notieren.

→ Begründen Sie Ihre Argumente schlüssig und geben Sie Beispiele.

→ Reihen Sie Ihre Ideen und Argumente nicht bloß aneinander. Strukturierende Elemente helfen den Zuhörerinnen und Zuhörern, Ihnen zu folgen (siehe Seite 84–86).

→ Sprechen Sie deutlich und nicht zu schnell. Wenden Sie sich immer der Person zu, mit der Sie gerade kommunizieren, und tragen Sie zu einer kooperativen Atmosphäre bei.

→ Wenn Ihnen bei den Fragen zu Ihrem Vortrag etwas unklar ist oder Sie eine Frage nicht gut verstanden haben, dann fragen Sie nach. Wenn Sie nachfragen, wird das nicht negativ bewertet.

→ Weitere Tipps zu diesem Prüfungsteil finden Sie auf den Seiten 84–86.

## Teil 1 Vortrag halten

Dauer: circa 7 Minuten

Wählen Sie aus den beiden Themen **ein Thema** aus.

Sie nehmen an einem Seminar zu gesellschaftlichen Fragen teil und halten einen kurzen Vortrag zu dem von Ihnen gewählten Thema. Ihre Gesprächspartnerinnen / Gesprächspartner hören zu und stellen Ihnen anschließend Fragen dazu.

### Thema 1

**Sollte Werbung, die an Kinder gerichtet ist, gesetzlich verboten werden?**

Werbung ist allgegenwärtig, ihrem Einfluss können wir nur bedingt entgehen. Dabei sind ihre Adressatinnen und Adressaten immer häufiger Kinder, die zwar als besonders schutzbedürftig, aber gleichzeitig als besonders empfänglich für Werbebotschaften gelten.

- Geben Sie ein Beispiel für bedenkliche Werbung.
- Argumentieren Sie für oder gegen ein Verbot von an Kinder gerichteter Werbung.
- Gehen Sie auf die Situation in Ihrem Heimatland oder einem anderen Land ein.
- Machen Sie einen Vorschlag, wie man Kinder vor dem Einfluss von Werbung mit anderen Maßnahmen schützen könnte.

Gehen Sie auf alle vier Punkte ein und achten Sie darauf, Ihren Vortrag gut zu strukturieren.

Sprechen Sie circa 5 Minuten und beantworten Sie danach Fragen.

## Teil 1 Vortrag halten

Dauer: circa 7 Minuten

Wählen Sie aus den beiden Themen **ein Thema** aus.

Sie nehmen an einer Veranstaltung zu aktuellen Fragen teil und halten einen kurzen Vortrag zu dem von Ihnen gewählten Thema. Ihre Gesprächspartnerinnen / Gesprächspartner hören zu und stellen Ihnen anschließend Fragen dazu.

### Thema 2

**Ist ein verpflichtendes Auslandssemester für alle Studierenden wünschenswert?**

Jedes Jahr absolvieren zwar immer mehr deutsche Studentinnen und Studenten ein Auslandssemester, aber aktuell geht nur ungefähr ein Drittel der Studierenden während des Studiums ins Ausland. Ein Ziel der Bildungspolitik ist es, noch mehr Studierende zu einem Auslandsaufenthalt zu bewegen.

- Geben Sie ein Beispiel.
- Argumentieren Sie für oder gegen ein verpflichtendes Auslandssemester.
- Äußern Sie sich: Mit welchen Maßnahmen könnte man mehr Studierende für ein Auslandssemester gewinnen?
- Schließen Sie mit einem Ausblick in die Zukunft.

Gehen Sie auf alle vier Punkte ein und achten Sie darauf, Ihren Vortrag gut zu strukturieren.

Sprechen Sie circa 5 Minuten und beantworten Sie danach Fragen.

# Einen Vortrag vorbereiten und halten

## Was ist das Ziel dieses Prüfungsteils?

Im ersten Prüfungsteil des Moduls stehen *Sie* im Mittelpunkt: Sie sollen monologisch Ihren Standpunkt zu einem Thema darlegen und auf Fragen Ihrer Partnerin / Ihres Partners antworten.

## Wie verhalte ich mich, wenn ich spreche?

Denken Sie im Vorfeld der Prüfung über Ihr Auftreten in Vortrags- und Gesprächssituationen nach: Wenn Sie ein eher zurückhaltender Mensch sind, werden Sie sicherlich nicht in der Prüfung zu einer extrovertierten Person werden, aber Sie können sich vornehmen, in dieser Situation so aktiv wie möglich zu agieren.
Lassen Sie Nervosität vor dem mündlichen Teil der Prüfung bewusst zu und versuchen Sie nicht, sie zu unterdrücken. Spielen Sie in Gedanken durch, wie Sie auf Unvorhergesehenes reagieren können. Sie können jede Situation retten, indem Sie einfach weitermachen – die Prüfenden sind auf Ihrer Seite. Wenn Sie sprechen, „kleben" Sie nicht an Ihren Notizen, die Sie sich in der Vorbereitungszeit gemacht haben. Schauen Sie Ihre Zuhörerinnen und Zuhörer immer wieder an. Halten Sie Blickkontakt mit der Person, die Ihnen Fragen stellt.

## Wie kann ich mich vorbereiten?

Sie können sich im Prinzip jeden Tag auf die Prüfung vorbereiten:
- Überlegen Sie sich, welchen Standpunkt Sie zu verschiedenen aktuellen Themen einnehmen und versuchen Sie, Gründe dafür zu sammeln und diese zu verteidigen. Bauen Sie solche „Übungseinheiten" in Ihren Alltag ein und trainieren Sie damit das Kreativzentrum Ihres Gehirns.
- Analysieren Sie während der Prüfungsvorbereitung die Methoden zur Ideenfindung und Planung (vgl. Seite 77–78), trainieren Sie diese und entscheiden Sie sich für die Methode, mit der Sie am erfolgreichsten sind.

## Üben Sie mehrmals, einen Vortrag zu halten.

- Sprechen Sie laut, so gewinnen Sie ein Gefühl dafür, wie lange Sie für Ihren Vortrag brauchen, und gewinnen Sicherheit im Umgang mit Ihren Vortragsnotizen.
- Holen Sie sich Feedback. Sie können vor dem Spiegel oder vor Zuhörerinnen und Zuhörern üben oder Sie können sich auch beim Vortragen filmen.
- Es zählen natürlich Ihre Argumente und vor allem Ihre mündliche Sprachkompetenz, Sie können aber Ihren Vortrag durch ein sicheres Auftreten, eine engagierte Sprechweise mit der Betonung von wichtigen Aspekten und mit Mimik und Gestik unterstützen.

## Trainieren Sie Ihr Zeitmanagement.

Zur Prüfungsvorbereitung gehört auch, dass Sie unter Prüfungsbedingungen üben und die Entscheidung für ein Thema, die Erstellung einer Gliederung und die Erstellung des Vortragsmanuskripts „automatisieren". Denn in der Prüfung haben Sie keine Zeit, über diesen Ablauf nachzudenken.
Trainieren Sie auch, sich für eins der vorgegebenen Themen zu entscheiden und die Aufgabenstellung zu beachten:
- Üben Sie, sich schnell zwischen den beiden Themen zu entscheiden. Auch hier helfen Ihnen die Methoden zur Ideenfindung: Zu welchem Thema haben Sie beim ersten Lesen mehr Assoziationen bzw. schon einen eigenen Standpunkt? Über welches Thema möchten Sie lieber diskutieren?
- Trainieren Sie das genaue Erfassen der Prüfungsaufgaben: Die Aufgabestellung bietet Ihnen durch die Aufzählung der Punkte, die Sie erwähnen sollen, eine gute Struktur für Ihren Vortrag an.

## Welche sprachlichen Mittel helfen?

Nutzen Sie Mittel zur Strukturierung Ihres Vortrags, sodass Ihre Zuhörerinnen und Zuhörer Ihrem Vortrag gut folgen können. Hilfreiche sprachliche Mittel finden Sie auf den Seiten 85–86.

# SPRECHEN 2 TIPPS & TRICKS

**Info**

Dauer: ca. 5 Minuten
Text: Diskussion
Aufgabe: 1
Punkte: 32*

**Das muss ich tun!**

Sie diskutieren mit Ihrer Prüfungspartnerin / Ihrem Prüfungspartner spontan über ein vorgegebenes Thema und vier Inhaltspunkte dazu.

* Plus insgesamt 16 Punkte im Bereich „Aussprache" für alle Prüfungsteile *Sprechen* zusammen.

1. In der Vorbereitungszeit bekommen Sie ein Aufgabenblatt mit dem Thema der Diskussion. Lesen Sie die Aufgabe sowie die vorgegebenen Inhaltspunkte genau durch.
2. Machen Sie sich stichpunktartig Notizen zu den einzelnen Inhaltspunkten. Achten Sie auf die Zeit: Verwenden Sie höchstens 8 Minuten der Vorbereitungszeit für die Vorbereitung auf diesen Prüfungsteil.
3. Diskutieren Sie nach Aufforderung durch die Prüfenden mit Ihrer Prüfungspartnerin / Ihrem Prüfungspartner. Beachten Sie dabei die vorgegebenen Inhaltspunkte.
4. Falls die Diskussion ins Stocken gerät, helfen die Prüfenden, indem sie Fragen stellen.
5. Nach Ablauf der Prüfungszeit beenden die Prüfenden die Diskussion. Damit ist das Modul *Sprechen* beendet.

**TIPPS**

→ Wenden Sie sich Ihrer Prüfungspartnerin / Ihrem Prüfungspartner zu. Mit ihr / ihm sollen Sie kommunizieren, nicht mit den Prüfenden. Sehen Sie während der gesamten Prüfung immer die Person an, mit der Sie gerade sprechen. Beachten Sie: Die Prüfenden werden in das Gespräch nur eingreifen, wenn Sie Hilfe benötigen oder wenn das Gespräch ins Stocken gerät.

→ Argumentieren Sie! Das bedeutet, dass Sie Thesen formulieren, die Sie mit Argumenten begründen und mit Beispielen belegen. Achten Sie dabei darauf, dass Sie sachlich argumentieren und nicht nur über persönliche Dinge sprechen.

→ Hören Sie gut zu, wenn Ihre Prüfungspartnerin / Ihr Prüfungspartner spricht, und reagieren Sie auf ihre / seine Aussagen. Fragen Sie nach, wenn für Sie etwas unklar geblieben ist oder Sie etwas nicht verstanden haben.

→ Gehen Sie inhaltlich auf die Vorschläge Ihrer Prüfungspartnerin / Ihres Prüfungspartners ein und setzen Sie sich mit ihrer / seiner Meinung auseinander: Formulieren Sie Gegenargumente, wenn Sie nicht einverstanden sind und widersprechen wollen. Nennen Sie weitere Beispiele oder berichten Sie von eigenen Erfahrungen, wenn Sie die gleiche Meinung vertreten. Achten Sie aber darauf, dass Sie dabei das Thema nicht aus dem Blick verlieren und auf die Aussagen Ihrer Prüfungspartnerin / Ihres Prüfungspartners reagieren.

→ Sprechen Sie nicht zu lange und beziehen Sie Ihre Prüfungspartnerin / Ihren Prüfungspartner immer wieder mit ein. Vergessen Sie nicht, dass es um einen Dialog und um den Austausch von Argumenten und Meinungen geht. Um Ihre Prüfungspartnerin / Ihren Prüfungspartner einzubeziehen, können Sie sie / ihn nach ihren / seinen Ideen und Vorschlägen fragen.

→ Unterbrechen Sie Ihre Prüfungspartnerin / Ihren Prüfungspartner nicht. Wenn sie / er zu lange spricht, signalisieren Sie, dass Sie sich wieder in das Gespräch einbringen möchten.

→ Seien Sie freundlich und tragen Sie zu einer entspannten und kooperativen Atmosphäre bei.

→ Üben Sie solche lösungsorientierten Diskussionen. Nutzen Sie dazu geeignete Redemittel (siehe Seite 85–86).

## Teil 2 Diskussion führen

Dauer für beide Teilnehmende: circa 5 Minuten

Sie diskutieren mit einer Kollegin / einem Kollegen über das Thema *Wahlpflicht*.

Eine Person aus Ihrem gemeinsamen Bekanntenkreis möchte bei der nächsten Bundestagswahl nicht zum Wählen gehen. Dazu haben Sie auch etwas im Internet gelesen.

Wahlen

### Wahlrecht oder Wahlpflicht?

Anders als in Deutschland, wo die Teilnahme an Wahlen freiwillig ist, gilt in einigen Ländern eine Wahlpflicht. Bürgerinnen und Bürger dieser Staaten können sich nicht selbst entscheiden, ob sie wählen möchten oder nicht – sie müssen es. In Deutschland wird schon seit Jahren über die Einführung einer Wahlpflicht diskutiert.

- Kommentieren Sie: Was halten Sie von einer Wahlpflicht?
- Begründen Sie Ihre Haltung zu einer Wahlpflicht.
- Gehen Sie auf die Situation in Ihrem Heimatland oder einem anderen Land ein.
- Einigen Sie sich auf Argumente für ein Gespräch mit Ihrer Bekannten / Ihrem Bekannten.

Diskutieren Sie gemeinsam circa 5 Minuten.

# Gemeinsam diskutieren

## Was ist das Ziel dieses Prüfungsteils?

Im Gegensatz zum ersten Prüfungsteil des Moduls *Sprechen* stehen im zweiten Prüfungsteil nicht mehr Sie allein im Mittelpunkt, sondern die Lösung, die Sie zusammen mit Ihrer Partnerin / Ihrem Partner für ein Problem entwickeln sollen.

## Was ist für eine gemeinsame Problemlösung zu beachten?

Die Problemlösung soll aus einem Dialog zwischen Ihnen und Ihrer Partnerin / Ihrem Partner hervorgehen: Sie sollen also nicht monologisch Ihren Standpunkt darlegen und auf Fragen Ihrer Partnerin / Ihres Partners antworten, sondern in einem Dialog miteinander kommunizieren. Konkret geht es darum, zu zeigen, dass Sie die Situation, die Ihnen vorgelegt wird, bewerten und kommentieren, auf den Standpunkt Ihrer Partnerin / Ihres Partners eingehen und auch ein gemeinsames Vorgehen planen und verabreden können. Sie müssen also inhaltliche Kompromisse finden und sowohl inhaltlich als auch sprachlich miteinander kooperieren.

## Wie verhalte ich mich, wenn ich spreche?

Wenn Sie sprechen, halten Sie gegenseitigen Blickkontakt, nicht mit den Prüfenden. Sprechen Sie zu Beginn kurz die Situation an und kommen Sie schnell zu Ihren wichtigsten Aussagen. Übergeben Sie dann – eventuell mit einer Anschlussfrage oder einer Bitte um Ergänzung – das Gespräch an Ihre Partnerin / Ihren Partner. Sprechen Sie nicht zu lange und achten Sie auf Signale Ihrer Partnerin / Ihres Partners, um reagieren zu können, wenn sie / er sprechen möchte.

## Wie verhalte ich mich, wenn ich zuhöre?

Halten Sie auch als Zuhörerin / Zuhörer Blickkontakt mit Ihrer Partnerin / Ihrem Partner und signalisieren Sie z. B. durch Lächeln und Nicken, dass Sie ihr / ihm folgen können. Sie können den Positionen widersprechen, aber Sie sollten gleichzeitig Verständnis für den anderen Standpunkt zeigen. Deuten Sie mit Blicken und Gesten an, wenn Sie etwas ergänzen wollen.

## Welche sprachlichen Mittel helfen?

Nutzen Sie Mittel zum Herausstellen von Gemeinsamkeiten und Unterschieden, vor allem aber zum Anknüpfen an bereits Gesagtes sowie zur Würdigung und Beurteilung der Vorschläge Ihrer Partnerin / Ihres Partners. Hilfreiche sprachliche Mittel finden Sie auf den Seiten 85–86.

## Was darf ich nicht vergessen?

Je kooperativer Sie sich verhalten und je umfassender Sie auf eine gemeinsame Lösung hinarbeiten, desto angenehmer und besser verläuft die Prüfung. Tragen Sie Ihren Teil zum Verlauf des Gesprächs bei, indem Sie z. B. auch nachfragen, wenn etwas unklar geblieben ist oder Sie nicht ganz sicher sind, ob Sie etwas richtig verstanden haben, oder indem Sie Ihrer Partnerin / Ihrem Partner zustimmen und dabei ihre / seine Vorschläge zusammenfassen.

## Wie kann ich mich vorbereiten?

Lesen Sie Beispielaufgaben schnell und erfassen Sie die wichtigsten Inhalte und Anforderungen: Analysieren Sie, welche Sprachhandlungen von Ihnen gefordert werden (Kommentieren, Begründen, Darstellen ...) und welche Inhalte Sie beitragen sollen. Sammeln Sie Ideen (vgl. Seite 77–78) und planen Sie, was Sie zur Diskussion beitragen können. Überlegen Sie dabei auch, wonach Sie Ihre Partnerin / Ihren Partner fragen könnten.

# MODELLTEST 2:

# SIMULATION DER PRÜFUNG

## Kandidatenblätter

## Lesen

## 65 Minuten

Das Modul *Lesen* hat vier Teile.

Sie lesen mehrere Texte und lösen Aufgaben dazu. Sie können mit jeder Aufgabe beginnen. Für jede Aufgabe gibt es nur eine richtige Lösung.

Es werden nur die Lösungen und Texte auf dem **Antwortbogen** bewertet.

Bitte schreiben Sie mit einem blauen oder schwarzen Stift.

Hilfsmittel (z. B. Wörterbücher, Handys / mobile Endgeräte) sind nicht erlaubt.

## Teil 1 vorgeschlagene Arbeitszeit: 10 Minuten

Sie lesen in einer Zeitschrift einen Artikel über die Berufswahl von Abiturientinnen und Abiturienten. Wählen Sie für jede Lücke die richtige Lösung.

ABITUR UND BERUFSWAHL

# Jedes Jahr fragen sich Abiturientinnen und Abiturienten:

### Studium oder Berufsausbildung? – Keine leichte Entscheidung!

Nach der Allgemeinen Hochschulreife muss von jungen Menschen eine Entscheidung **Beispiel 0** werden, die häufig weitreichende Konsequenzen auf **1** ... künftigen Berufs- und möglicherweise auch weiteren Lebensweg hat. Die Entscheidung zwischen Ausbildung und Studium **2** ... nicht leicht. In der Regel bietet ein Studium zwar bessere Karrierechancen als eine Berufsausbildung, allerdings hängt dies auch stark vom gewählten Studiengang ab. Neben den klassischen Studienfächern wie Medizin, Jura, Ingenieurwesen oder Betriebswirtschaft, um nur einige zu nennen, gibt es heutzutage ein fast **3** ... Angebot an Studienfächern, die es einerseits erst seit wenigen Jahren gibt und andererseits bei den meisten Schulabgängerinnen und -abgängern noch kaum bekannt sind.

Viele der neuen Studienfächer ergaben sich **4** ... Erfordernissen des Umweltschutzes und der Nachhaltigkeit wie z. B. Abfallwirtschaft, Bio- und Umwelttechnik oder Umweltingenieurwesen. Andere wie z. B. Angewandte Freizeitwissenschaften resultieren aus Bedürfnissen einer sich rasch **5** ... Gesellschaft. Diese neuen Studienfächer sind oft auch stark praxisorientiert, was ja ein wesentliches Merkmal der Ausbildungsberufe ist. Letztere haben allerdings den eindeutigen Vorteil, dass man schon während der Ausbildung etwas Geld verdient und dadurch eine gewisse finanzielle Unabhängigkeit genießt. Zudem klappt der Berufseinstieg häufig schneller als bei Menschen mit einem akademischen Abschluss. Nach abgeschlossener Ausbildung besteht anschließend ja immer noch die **6** ..., ein Studium aufzunehmen. Denn ein Ausbildungsberuf zielt zunächst nicht auf eine akademische Laufbahn, **7** ... ein Studium immer die Möglichkeit einer wissenschaftlichen Karriere eröffnet.

Weitere Vorteile einer akademischen Ausbildung sind statistisch gesehen ein geringeres Risiko der Arbeitslosigkeit und der Zugriff auf eher leitende Funktionen, da höhere Hierarchiestufen in Unternehmen meist nur Absolventinnen und Absolventen mit Hochschulabschluss offenstehen, die außerdem mit einem höheren Einstiegsgehalt und größeren Gehaltssteigerungen rechnen können. Letztendlich haben sowohl Studium als auch Berufsausbildung Vor- und Nachteile. Deshalb sollten Interessen und Begabungen deutlich ins Gewicht **8** ..., bevor man eine Wahl trifft.

Die Vorteile eines Studiums und einer Ausbildung verbindet ein duales Studium. Allerdings setzt dieses sehr gute Noten voraus und entsprechende Stellen sind hart umkämpft. Sicherlich ist es das Sinnvollste, persönlichen Neigungen und Interessen zu folgen. Außenstehende in Beratungsstellen einer Arbeitsagentur oder einer Hochschule geben hilfreiche Tipps und haben einen objektiven Blick auf eine Wunschausbildung. Auch kann ein Praktikum in einem Beruf, für den Interesse besteht, weiterhelfen.

## Teil 1

**Beispiel:**

| | a | b | c | d |
|---|---|---|---|---|
| **0** | gegeben | gemacht | ☒ getroffen | gewählt |
| **1** | deren | dessen | ihre | seinen |
| **2** | fällt | findet | geht | macht |
| **3** | unbekanntes | unbeliebtes | unberechenbares | unüberschaubares |
| **4** | aus | dank | trotz | wegen |
| **5** | angewandten | gewandelten | verwandelten | wandelnden |
| **6** | Gegebenheit | Gelegenheit | Gepflogenheit | Möglichkeit |
| **7** | obwohl | sodass | trotzdem | wohingegen |
| **8** | fallen | führen | gehen | steigen |

## Teil 2 vorgeschlagene Arbeitszeit: 20 Minuten

Sie lesen im Internet einen Artikel über die Relevanz von Fake News und einen mündigen Umgang mit ihnen.
Wählen Sie bei jeder Aufgabe die richtige Lösung.

MÜNDIGER MEDIENKONSUM

# Faktencheck in sozialen Medien

Politische und gesellschaftliche Entwicklungen der letzten Jahre wie auch die weltweiten Krisen des 21. Jahrhunderts stellen sich immer mehr auch als Krisen der Berichterstattung und der Bereitstellung von validen und wissenschaftlich abgesicherten Informationen dar, aufgrund derer Bürger und Bürgerinnen in einem demokratischen Staat dann nachvollziehbare und vernunftbasierte Entscheidungen treffen können. Wie umfassend Fehlinformationen verbreitet werden und welche Rolle die sozialen Medien dabei spielen, wurde in Bezug auf den US-Präsidentschaftswahlkampf von Donald Trump thematisiert und untersucht. In diesem Zusammenhang kamen Studien von US-amerikanischen Wissenschaftlern und Wissenschaftlerinnen zu dem Ergebnis, dass der Einfluss von sogenannten „Fake News" in sozialen Medien weit überschätzt wurde, da die meisten US-Amerikaner und US-Amerikanerinnen Nachrichten immer noch über das Fernsehen beziehen, auf das fünfmal so viel Nachrichtenkonsum entfällt wie auf soziale Medien. Auch wenn die Studien den Schluss zulassen, dass das Problem eher im gänzlichen Vermeiden von Nachrichten oder in polarisierenden Formaten in den „klassischen" Medien liegt, stellen soziale Medien doch einen beunruhigenden Faktor in der Radikalisierung von Gesellschaften dar. So werden sie teilweise von anderen Staaten genutzt, um vor Wahlen Einfluss auf die Meinungsbildung von Bürgerinnen und Bürgern und damit auf die Wahlen selbst zu nehmen. Auch können mit scheinbaren Skandalen Proteste hervorgerufen werden – und so sogar diplomatische Krisen heraufbeschwören.

Auch die Covid-19-Pandemie und in diesem Zusammenhang vor allem die Verbreitung von Falschinformationen über die Gefährlichkeit und das Ausmaß der Pandemie zeigen, wie wichtig es ist, gerade mit Informationsmedien jenseits der unabhängigen und Transparenzkontrollen unterliegenden Medien souverän umgehen zu können.

Dass die korrekte Beurteilung von Meldungen eine nicht zu überschätzende Rolle im Umgang mit der Informationsflut aus verschiedenen Quellen darstellt, haben verschiedene Untersuchungen nachgewiesen. So werden Falschmeldungen vor allem dann geteilt, wenn sie nicht als Falschmeldungen erkannt wurden. Menschen kann also in den wenigsten Fällen unterstellt werden, dass sie bewusst und aus strategischen Gründen Falschmeldungen weiterverbreiten. Im Gegenteil: Hauptmotivation für das Teilen von Nachrichten ist die sogenannte „wahrgenommene Glaubwürdigkeit". Auch wenn diese Erkenntnis auf den ersten Blick trivial erscheint, verbirgt sich in ihr doch eine optimistisch stimmende Tatsache: Menschen sind zum großen Teil bestrebt, korrekte Informationen zu verbreiten. An dieser Stelle können nun Maßnahmen zur Ausbildung der Medienkompetenz in schulischer wie auch außerschulischer Umgebung wie auch in der Erwachsenenbildung ansetzen.

Untersuchungen haben weiterführend festgestellt, dass die subjektive Beurteilung von Meldungen als vertrauenswürdig vor allem durch das Vertrauen auf die Quellen der Nachricht zustande kommt, die gerade bei Nachrichten in sozialen Medien teilweise nicht mehr so leicht zu rekonstruieren sind. So scheinen also Anleitungen zum Überprüfen oder Gegenprüfen von Informationen (Zahlen, Ergebnisse, Behauptungen) durch Vergleichsquellen wie auch Checklisten, anhand derer man seriöse Quellen erkennen kann, eine der Grundlagen für den Kampf gegen Falschmeldungen darzustellen. Dabei können neben der Anzahl der – seriösen – Medien, die diese Nachricht verbreiten, auch die Aktualität der Nachricht wie auch die Frage, ob die Nachricht umfassend in allen Aspekten dargestellt wurde, als Leitfragen dienen.

Neben dieser Recherche in anderen Quellen kann auch die Quelle selbst überprüft werden: Wie lange ist das Profil schon online und zu welchen Themen äußert sich der Nutzer / die Nutzerin? Wenn eine Medienplattform ein Verifizierungsinstrument (wie z. B. Twitter mit dem blauen Haken) hat, kann untersucht werden, ob dieser Account damit verifiziert worden ist bzw. ob sich die Informationen mit denen anderer verifizierter Accounts decken.

Wenn man ein weiteres Ergebnis der Untersuchungen mit in Betracht zieht, rückt auch das Verhalten der Nutzer und Nutzerinnen beim Kommentieren und Weitergeben von Nachrichten in den Blick. Meldungen, die viele negative Kommentare auf sich ziehen, verlieren an Glaubwürdigkeit. So sollten Menschen nicht nur die Quelle der Meldung überprüfen, sondern auch darauf hingewiesen werden, dass sie die Accounts und Profile der Kommentatoren überprüfen sollten, um die negativen Stimmen unter den Meldungen richtig einordnen zu können.

Auch Zurückhaltung bei der Weiterverbreitung von Nachrichten kann zu einer Eindämmung von Falschinformationen führen – gerade überemotionale oder angstschürende Nachrichten werden aus Besorgnis und zur Warnung oft zu schnell und unüberlegt weitergeleitet.

## Teil 2

**9** Studien über den Einfluss von Fake News im US-amerikanischen Wahlkampf ergaben, dass ...

a ihnen von der Öffentlichkeit ein entscheidender Einfluss zugesprochen wird.
b sie im Vergleich zum Vermeiden von Nachrichten weniger problematisch sind.
c sie in ihrem Einfluss nicht unterschätzt werden sollten.

**10** Welche Aussage über den Einfluss der sozialen Medien trifft zu?

a Durch soziale Medien können leicht diplomatische Skandale verursacht werden.
b Soziale Medien nehmen Einfluss auf die Polarisierung von Gesellschaften.
c Über soziale Medien wollen fremde Staaten das Wählerverhalten manipulieren.

**11** Laut einer Untersuchung über Falschmeldungen in den sozialen Medien ...

a gehen diese auf die „wahrgenommene Glaubwürdigkeit" zurück.
b handeln die meisten Menschen beim Umgang mit Meldungen strategisch.
c werden sie weitergegeben, wenn sie nicht als Fake News erkannt werden.

**12** Menschen vertrauen Meldungen im Internet, wenn sie ...

a die Quelle von Nachrichten für verlässlich halten.
b rekonstruieren können, von wem die Nachricht stammt.
c über eine gute Medienkompetenz verfügen.

**13** Ein Indiz für die Seriosität einer Quelle ist, wenn ...

a die Nachricht aus mehreren Blickwinkeln betrachtet wird.
b die Quelle in den sozialen Medien nur aktuelle Nachrichten verbreitet.
c ihre Nachrichten in anderen Medien verbreitet werden.

**14** Verifizierungsinstrumente helfen dabei, ...

a Accounts mit einem blauen Haken zu versehen.
b automatisch Nachrichten in verschiedenen Quellen zu prüfen.
c herauszufinden, ob es sich um eine seriöse Quelle handelt.

**15** Wenn eine Nachricht viele negative Kommentare nach sich zieht, ...

a führt sie zu Angst und Panik bei der Netzgemeinde.
b ist das ein deutliches Zeichen, dass sie nicht glaubwürdig ist.
c ist zu prüfen, ob die Kommentierenden selbst vertrauenswürdig sind.

## Teil 3 vorgeschlagene Arbeitszeit: 20 Minuten

Sie lesen in einer populärwissenschaftlichen Zeitschrift einen Kommentar.
Welche Sätze passen in die Lücken? Zwei Sätze passen nicht.

### Nachfolger verzweifelt gesucht

**Mittelständische Unternehmen sind das Herz der deutschen Wirtschaft – und sie haben ein echtes Nachwuchsproblem. Viele erfolgreiche mittelständische Unternehmen verschwinden vom Markt, weil es ihren Inhaberinnen und Inhabern nicht gelingt, für eine Nachfolge zu sorgen.**

Der deutsche Mittelstand befindet sich vor einem Generationenwechsel. **Beispiel 0** Aktuell stehen nach Schätzungen des Instituts für Mittelstandsforschung (IfM) jährlich in rund 30.000 Familienunternehmen Übergaben an. Klappt die Nachfolge nicht, steht das Unternehmen vor dem Aus. **16 ...** Der Hauptgrund für die derzeit hohen Zahlen: Immer mehr Unternehmensgründerinnen und Unternehmensgründer aus der Babyboomer-Generation erreichen jetzt das Ruhestandsalter. Im Moment sind etwa vier von zehn Chefinnen und Chefs mittelständischer Betriebe älter als 55 Jahre. Für sie stellt sich in absehbarer Zeit die Frage nach dem Renteneintritt und damit nach dem Fortbestand des Unternehmens. Wie das IfM kürzlich veröffentlichte, blieben in den vergangenen vier Jahren rund 25.000 Unternehmen auf der Strecke, weil die Betriebsübergabe scheiterte. Dabei handelte es sich oft um Kleinunternehmen, die für einen potenziellen Nachfolger wenig attraktiv sind. **17 ...** Aber es ist zu beobachten, dass immer öfter auch größere und ertragsstarke Unternehmen bei der Nachfolgeregelung scheitern.

Früher war es eine Selbstverständlichkeit, dass eine Tochter oder ein Sohn das Familienunternehmen nach dem Ausscheiden der Eltern weiterführt und damit der Betrieb von Generation zu Generation innerhalb der Familie weitergegeben wird. **18 ...** Die Unternehmenskinder von heute wollen nicht zwangsläufig in die elterlichen Fußstapfen treten. Oft gehen ihre beruflichen Interessen in eine andere Richtung. In vielen Fällen sind sie nicht wie ihre Eltern bereit, fast all ihre Zeit in den Betrieb zu stecken und sich den Arbeitsdruck zuzumuten, der mit der erfolgreichen Führung eines Unternehmens verbunden ist. Die Vorstellung von der Balance zwischen Berufs- und Privatleben hat sich in den letzten Jahren gewandelt, auch für die Nachkommen in Familienunternehmen. Insgesamt kann beobachtet werden, dass das Interesse von jungen Leuten an der Übernahme unternehmerischer Verantwortung seit einigen Jahren auf einem sehr niedrigen Niveau liegt.

Bei der nicht gelingenden Nachfolge durch die eigenen Kinder handelt es sich um ein hochemotionales Thema. **19 ...** Das ist insbesondere der Fall, wenn die Sprösslinge nicht die für die Führung des elterlichen Betriebs notwendige Qualifikation erreichen oder es Konflikte und Streitigkeiten mit den Kindern gibt. Die Frage, wer für eine Nachfolge infrage kommt, wird dann nicht gestellt, sodass die Nachfolge ungeregelt bleibt. **20 ...** Immer mehr Unternehmerinnen und Unternehmer stellen nämlich die familieninterne Nachfolgeregelung selbst infrage. Nur noch die Hälfte wünscht eine Nachfolge durch die eigenen Nachkommen.

Sich ganz bewusst für eine externe Nachfolgeregelung zu entscheiden, ist ein Trend, der sich in den letzten Jahren deutlich abzeichnet. Aber auch hier kann es Hindernisse geben, die die Nachfolge scheitern lassen. **21 ...** Außerdem warten die Firmeninhaberinnen und -inhaber auch im Falle einer externen Nachfolge häufig viel zu lange. Das kann verschiedene Ursachen haben, zum Beispiel dass die Gründerinnen und Gründer ihr mit vielen Anstrengungen aufgebautes Unternehmen nicht loslassen können, aber vielleicht auch nicht ablassen wollen – von der Verantwortung oder von den Privilegien, die einem Firmeninhaber oder einer Firmeninhaberin nun einmal zustehen. Oft gibt es keine Pläne für das Leben im Ruhestand. **22 ...** Und nicht zuletzt geht es auch um die finanzielle Versorgung im Ruhestand.

Klar ist, dass eine Unternehmensübergabe, zumal an eine externe Person, ein komplexer Prozess ist und insbesondere bei einer Eigengründung eine hochemotionale Herausforderung darstellt. **23 ...** Expertinnen und Experten gehen von einer Übergangsphase von drei bis fünf Jahren aus. Mit der Nachfolgeplanung kann man als Unternehmerin oder Unternehmer also nicht früh genug anfangen.

## Teil 3

**Beispiel:**

**0** So viele Unternehmen wie noch nie sind auf Nachfolgersuche.

**a** Bei der Nachfolgeplanung zeichnet sich jedoch eine kleine Trendwende ab.

**b** Deshalb wird es in nicht wenigen Familienbetrieben tabuisiert.

**c** Heutzutage wollen immer noch die meisten Unternehmenskinder den elterlichen Betrieb übernehmen.

**d** Außerdem gibt es in vielen Fällen keinen eigenen Nachwuchs, der den Betrieb übernehmen könnte.

**e** Auch in Zukunft werden derartige Betriebe mit dem Ruhestand der Inhaberin oder des Inhabers schließen.

**f** Von diesem Risiko sind pro Jahr fast 500.000 Beschäftigte betroffen.

**g** Auch die gesellschaftliche Rolle als anerkannte Person steht auf dem Spiel.

**h** Aber für die erfolgreiche Übergabe eines Unternehmens spielt der Faktor Zeit eine entscheidende Rolle.

**i** Der heutige Unternehmensnachwuchs sieht allerdings die Nachfolge nicht mehr als familiären Automatismus an.

**j** Beispielsweise bewerten die Inhaberinnen und Inhaber ihr Unternehmen viel zu hoch und fordern einen überhöhten Verkaufspreis.

## Teil 4 vorgeschlagene Arbeitszeit: 15 Minuten

Sie lesen in einer Fachzeitschrift Beiträge von Wissenschaftlerinnen und Wissenschaftlern. Wählen Sie bei jeder Aussage: Wer äußert das? Zwei Aussagen passen nicht. Markieren Sie in diesem Fall 0.

**Beispiel:**

**0** Die Kosten für die Raumfahrt sind sehr hoch. **Lösung: a**

**24** Die Raumfahrt fördert das naturwissenschaftliche Interesse der Menschen.

**25** Die Technik, die für den Einsatz im Weltraum entwickelt wird, bringt auch Vorteile für das Leben auf der Erde.

**26** Manche wissenschaftliche Erkenntnisse können nur durch Forschung im Weltraum gewonnen werden.

**27** Die Ausgaben für die Raumfahrt lohnen sich langfristig.

**28** Statt Forschung im Weltraum zu betreiben, sollte man lieber die Armut auf der Welt bekämpfen.

**29** Die Forschung im Weltraum führte weltweit schon zu vielen naturwissenschaftlichen Lehrbüchern.

**30** Zentrales Ziel der Weltraumforschung ist der Nutzen für die Menschen.

## Teil 4

ZUKUNFTSFRAGEN UNSERER GESELLSCHAFT:

# Weltraumforschung und Raumfahrt – Sinn oder Unsinn

**a Jörg Mückenhaupt, Direktor des Instituts für Materialwissenschaft und Werkstofftechnik**

Immer wieder wird der Sinn der Weltraumforschung und der Raumfahrt infrage gestellt. Haben wir nicht genug Probleme hier auf der Erde zu lösen? Das ist ein Argument, das von Kritikerinnen und Kritikern regelmäßig gegen die Raumfahrt vorgebracht wird. Natürlich ist Raumfahrt, zumal die bemannte, sehr kostenintensiv. Aber die Forschung in der Schwerelosigkeit hat schon sensationelle Ergebnisse hervorgebracht – und zwar in sehr vielen Bereichen: in der Medizin, der Biologie, der Chemie, der Physik und vielen anderen naturwissenschaftlichen Disziplinen. Es sind Ergebnisse, die heute überall auf der Welt in Lehrbüchern stehen und die Wissenschaft nachhaltig beeinflusst haben. Im Weltraum herrschen Gegebenheiten für Experimente vor, die auf der Erde nicht oder nur schwer nachzuahmen sind. Dort gibt es beispielsweise keine Gravitation, durch die alle Experimente auf der Erde gestört werden. Aber auch die anderen Strahlungseinflüsse spielen eine wichtige Rolle. Wenn wir uns nicht der extremen Umgebung des Alls aussetzen, können viele bahnbrechende Forschungsergebnisse nicht erreicht werden.

**b Kolja Holl-Glander, Professor für Wissenschaftsethik**

Unbekannte Welten erkunden, die Zusammenhänge des Universums verstehen und vielleicht Hinweise auf außerirdisches Leben entdecken – der Weltraum mit seinen unendlichen Weiten weckt seit jeher den Forschergeist der Menschen. Aber gibt es nicht sinnvollere Dinge, in die man Geld investieren könnte, als die Raumfahrt? Rund 50 Milliarden Dollar wären gemäß Entwicklungsprogramm der Vereinten Nationen jährlich notwendig, um die Not der ärmsten Menschen weltweit erträglich zu machen. Die Raumfahrt kostet jährlich ungefähr den gleichen Betrag. Warum also nicht die Raumfahrt aufgeben und den Armen helfen? Weil die Raumfahrt keine sinnlose Geldverschwendung ist, sondern eine Investition in unsere Zukunft. Die Raumfahrt fördert die Hochtechnologie und begeistert Menschen für Technik und Naturwissenschaften. Durch sie erfahren wir mehr über unsere Welt, über das Universum, in dem wir leben. Und würden die weltweiten Rüstungsausgaben von ungefähr einer Billion Dollar jährlich auch nur um 5 % zurückgefahren, stünde genügend Geld für alle Armen der Welt zur Verfügung.

**c Heike Blumenkämper, Professorin für Raumfahrttechnik**

Die Kritikerinnen und Kritiker der Weltraumforschung vergessen, dass die Entwicklung von Raumfahrttechnik von Anfang an auch immer wieder Anwendungen hervorgebracht hat, die ganz konkrete Auswirkungen auf unser Leben auf der Erde haben. Für Probleme im Weltraum werden kontinuierlich Lösungen erarbeitet, die dann auch auf der Erde eingesetzt und weiterentwickelt werden. So basieren kratzfeste Brillengläser und Akku-Werkzeuge auf Lösungen für Probleme, die sich einst im All ergaben. Eine Aufstellung der US-amerikanischen Weltraumorganisation NASA hat ergeben, dass bei ihren Weltraummissionen mehr als 1 600 Produkte mit einem direkten Nutzen für die Menschen entstanden sind. Rundfunk-, Fernseh- und Wettersatelliten, das Internet, GPS-gesteuerte Navigationsgeräte – all dies wäre ohne die Weltraumtechnik nicht möglich. Gäbe es die Weltraumforschung nicht, hätten wir nur einen verschwindend kleinen Bruchteil über die dem Klimawandel zugrunde liegenden Mechanismen verstanden, denn 90 % der Daten werden aus dem Weltraum global vermessen. Weltraumforschung machen wir also in erster Linie nicht für die Wissenschaft, sondern für die Menschen auf der Erde.

## Kandidatenblätter

## Hören

## circa 40 Minuten

Das Modul *Hören* hat vier Teile.

Sie hören mehrere Texte und lösen Aufgaben dazu.
Lesen Sie jeweils zuerst die Aufgaben und hören Sie dann den Text dazu.
Für jede Aufgabe gibt es nur eine richtige Lösung.

Nach dem Hören haben Sie drei Minuten Zeit, Ihre Lösungen auf den **Antwortbogen** zu übertragen.
Es werden nur die Lösungen und Texte auf dem Antwortbogen bewertet.

Bitte schreiben Sie mit einem blauen oder schwarzen Stift.

Hilfsmittel (z. B. Wörterbücher, Handys / mobile Endgeräte) sind nicht erlaubt.

**HINWEIS**

Sie hören den Prüfungsteil *Hören* in Track 5 komplett wie in der Prüfung, mit allen Pausen zum Lesen der Aufgaben und zum Übertragen der Lösungen auf den Antwortbogen.

Stoppen Sie Track 5 nicht. Nur so können Sie diesen Prüfungsteil „in echt" üben.

## 5 Teil 1

Sie hören einen Podcast über neue Bücher.
Sie hören den Text **einmal**. Wählen Sie bei jeder Aufgabe, zu welchem Buch die Aussage passt.
Lesen Sie jetzt die Aufgaben 1 bis 6. Dazu haben Sie 60 Sekunden Zeit.

**Beispiel:**

**0** Das Buch ist ein fiktionales Werk.

[a] Buch 1 – Heute beginnt die Zukunft
[X] Buch 2 – Gescannt
[c] Buch 3 – Design der Zukunft – Zukunft in Designs

**1** In dem Buch wird das Aufdecken von irritierenden Unstimmigkeiten beschrieben.

[a] Buch 1 [b] Buch 2 [c] Buch 3

**2** Das Buch geht von Bildern aus.

[a] Buch 1 [b] Buch 2 [c] Buch 3

**3** Man erfährt etwas über die Beziehungen in einem Team.

[a] Buch 1 [b] Buch 2 [c] Buch 3

**4** Neben Beispielen aus der Natur werden auch solche aus Menschenhand vorgestellt.

[a] Buch 1 [b] Buch 2 [c] Buch 3

**5** In dem Buch gibt es mehrere Blickwinkel zu jeder Position.

[a] Buch 1 [b] Buch 2 [c] Buch 3

**6** Es kommen Wissenschaftlerinnen und Wissenschaftler verschiedener Fachgebiete zu Wort.

[a] Buch 1 [b] Buch 2 [c] Buch 3

## Teil 2

Sie hören ein Radiointerview mit einer Persönlichkeit aus der Wissenschaft.
Sie hören den Text **zweimal**. Wählen Sie bei jeder Aufgabe die richtige Lösung.
Lesen Sie jetzt die Aufgaben 7 bis 15. Dazu haben Sie 60 Sekunden Zeit.

**7** Dr. Ebersberg sagt, dass auch schon Kinder ein eigenes Smartphones besitzen.

a stimmt | b stimmt nicht | c dazu wird nichts gesagt

**8** Die meisten Eltern können sich ein Leben ohne Smartphone nicht mehr vorstellen.

a stimmt | b stimmt nicht | c dazu wird nichts gesagt

**9** Dr. Ebersberg ist der Meinung, dass Kindern die Nutzung von Smartphones grundsätzlich nicht erlaubt werden sollte.

a stimmt | b stimmt nicht | c dazu wird nichts gesagt

**10** Kinder, die gut schreiben können, gehen sicherer mit dem Smartphone um.

a stimmt | b stimmt nicht | c dazu wird nichts gesagt

**11** Dr. Ebersberg meint, dass man den Kindern möglichst früh ein Smartphone schenken sollte.

a stimmt | b stimmt nicht | c dazu wird nichts gesagt

**12** Dr. Ebersberg schlägt vor, dass Kinder das passende Smartphone selbst aussuchen sollten.

a stimmt | b stimmt nicht | c dazu wird nichts gesagt

**13** Sicherheitseinstellungen der Smartphones sind keine ausreichende Garantie für deren gefahrlose Nutzung.

a stimmt | b stimmt nicht | c dazu wird nichts gesagt

**14** Untersuchungen haben gezeigt, dass direkter Kontakt unter Gleichaltrigen am besten per Smartphone klappt.

a stimmt | b stimmt nicht | c dazu wird nichts gesagt

**15** Die Nutzung eines Smartphones muss von den Eltern begleitet werden.

a stimmt | b stimmt nicht | c dazu wird nichts gesagt

## Teil 3

Sie hören ein Gespräch mit mehreren Personen über Modelle der Altersvorsorge.
Sie hören den Text in vier Abschnitten jeweils **einmal**. Zu jedem Abschnitt gibt es zwei Aufgaben.
Wählen Sie bei jeder Aufgabe die richtige Lösung.
Vor dem Hören eines Abschnitts haben Sie 30 Sekunden Zeit, um die zwei Aufgaben zu lesen.

**16** Das staatliche Rentensystem ...

- a bietet ausreichende Versorgung fürs Alter.
- b macht eine private Altersvorsorge erforderlich.
- c wird nach Ansicht von Politikern immer teurer.

**17** Die Rahmenbedingungen für das Rentensystem haben sich verändert, weil ...

- a die Geldanlagen der Rentenkassen unattraktiv geworden sind.
- b junge Menschen heute weniger in die Rentenkassen einzahlen.
- c sich die Altersstruktur zu Ungunsten jüngerer Menschen ändert.

**18** Frau Ebeling rät den jungen Menschen, ...

- a auch riskantere Einlagen nicht grundsätzlich auszuschließen.
- b ihre Altersvorsorge nach gängigen Finanzrezepten zu gestalten.
- c sich rechtzeitig mit der Altersvorsorge zu befassen.

**19** Herr Gersfeld beklagt in Bezug auf die Altersvorsorge, dass ...

- a Berufsanfängern das Geld für private Vorsorge fehlt.
- b das Angebot an privater Vorsorge zu groß ist.
- c jungen Menschen die Problematik nicht bewusst ist.

**20** Frau Ebeling ...

- a erklärt jungen Menschen die Zusammenhänge der Rentenentwicklung.
- b vergleicht im Rahmen ihrer Beratung Angebote zur privaten Altersvorsorge.
- c wünscht sich eine durch den Staat geförderte private Altersvorsorge.

**21** Herr Gersfeld ...

- a berichtet über positive Erfahrungen mit Wertpapieren.
- b hat konkrete Vorstellungen von den Erwartungen seiner Kunden.
- c investiert für seine Kunden in Aktienfonds.

**22** Menschen ohne ausreichende finanzielle Mittel ...

- a bekommen im Rentenalter ein bedingungsloses Grundeinkommen.
- b beziehen später eine hohe Betriebsrente.
- c sind für die Rente nicht ausreichend abgesichert.

**23** In Norwegen und Schweden ...

- a gibt es einen Staatsfond, mit dessen Hilfe die Bürger Aktien kaufen können.
- b stützt man die Rentenkasse durch Investitionen in lukrative Geldanlagen.
- c unterstützt man die Bürger beim Immobilienkauf als Altersvorsorge.

## Teil 4

Sie hören einen Vortrag über die Lichtverschmutzung.
Sie hören den Text **zweimal**. Wählen Sie bei jeder Aufgabe die richtige Lösung.
Lesen Sie jetzt die Aufgaben 24 bis 30. Dazu haben Sie 90 Sekunden Zeit.

**24** Was versteht man unter Lichtverschmutzung?

a Die Nacht wird durch künstliche Lichtquellen aufgehellt.
b Durch das Fehlen von Licht entsteht völlige Dunkelheit.
c In bestimmten Gebieten der Welt wird es nicht dunkel.

**25** Besonders kritisch ist nach oben abstrahlendes Licht, weil es ...

a sich ungebremst am Himmel verteilt.
b Tiere bei der Nachtruhe stört.
c Verkehrsteilnehmende gefährdet.

**26** Wie wirkt sich Lichtverschmutzung auf Insekten aus?

a Es gibt immer weniger Insekten.
b Mehr Insekten sind nun auch in der Nacht aktiv.
c Nachtinsekten fliegen zu künstlichen Lichtquellen.

**27** Welche Wirkung hat Kunstlicht bei der Zucht von Pflanzen? Künstliche Beleuchtung ...

a fördert das Pflanzenwachstum.
b führt zu Wachstumsproblemen.
c kann Frostschäden verursachen.

**28** Die astronomische Forschung könnte wegen der Lichtverschmutzung ...

a bald nur noch als Hobby zu betreiben sein.
b langfristig auf der Erde nicht mehr durchführbar sein.
c zukünftig nur in der Umgebung von Großstädten möglich sein.

**29** Welches Problem der Lichtverschmutzung durch künstliche Beleuchtung wird noch erwähnt?

a Künstliche Beleuchtungen verbrauchen sehr viel Energie.
b Lichtverschmutzung lässt Gefahrenstellen undeutlich werden.
c Nächtliche Beleuchtung ist oftmals überflüssig.

**30** Was soll in Bezug auf die Lichtverschmutzung erreicht werden?

a Abenteuer in der Dunkelheit sollen wieder möglich sein.
b Die Menschen sollen für das Thema sensibilisiert werden.
c Lichtplanung soll in staatliche Hand gelegt werden.

## Kandidatenblätter

# Schreiben

## 75 Minuten

Das Modul *Schreiben* hat zwei Teile.

In **Teil 1** schreiben Sie einen Diskussionsbeitrag für ein Forum.

In **Teil 2** schreiben Sie eine Nachricht.

Sie können mit jeder Aufgabe beginnen.

Es werden nur die Lösungen und Texte auf dem **Antwortbogen** bewertet.

Bitte schreiben Sie mit einem blauen oder schwarzen Stift.

Hilfsmittel (z. B. Wörterbücher, Handys / mobile Endgeräte) sind nicht erlaubt.

## Teil 1 vorgeschlagene Arbeitszeit: 50 Minuten

Für das Internetforum *Abitur – was dann?* verfassen Sie einen Diskussionsbeitrag zu diesem Thema:

**Ein soziales Pflichtjahr für alle?**
**Sollten alle jungen Menschen gezwungen werden, ein soziales Jahr abzuleisten?**

- Erklären Sie, welche Tätigkeiten für ein soziales Jahr geeignet wären.
- Argumentieren Sie anhand eines Beispiels für ein soziales Pflichtjahr.
- Nennen Sie Gründe, die gegen ein Pflichtjahr sprechen.
- Erläutern Sie anhand von Beispielen Alternativen zu einem Pflichtjahr.

Schreiben Sie circa **230** Wörter.

## Teil 2 vorgeschlagene Arbeitszeit: 25 Minuten

Sie möchten sich in Ihrer Hausgemeinschaft für mehr Nachhaltigkeit engagieren. Der Hausbesitzer plant auf dem bisher ungenutzten Hinterhof Parkplätze, während Sie den Platz in einen Gemeinschaftsgarten umgestalten möchten.
Schreiben Sie an den Hausbesitzer, Herrn Grünschlag, eine Nachricht mit Ihrem Vorschlag.

- Eröffnen Sie Ihr Schreiben höflich, indem Sie Verständnis für den Plan des Hausbesitzers zeigen.
- Nennen Sie verschiedene Argumente für einen Gemeinschaftsgarten.
- Beschreiben Sie Maßnahmen, die für einen Gemeinschaftsgarten nötig sind.
- Machen Sie einen Kompromissvorschlag.

Schreiben Sie circa **120** Wörter.

**Für Teil 1 und Teil 2 gilt:**
Bei der Bewertung wird darauf geachtet, wie genau die Inhaltspunkte bearbeitet sind, wie korrekt der Text ist und wie gut die Sätze und Abschnitte sprachlich miteinander verknüpft sind.

## Kandidatenblätter

## Sprechen

## circa 20 Minuten

Das Modul *Sprechen* hat zwei Teile.

In **Teil 1** halten Sie einen kurzen Vortrag (circa 5 Minuten) und sprechen mit Ihren Gesprächspartnerinnen / Gesprächspartnern darüber (circa 2 Minuten). Wählen Sie dafür ein Thema (1 oder 2) aus.

In **Teil 2** führen Sie zu zweit eine Diskussion (circa 5 Minuten).

Ihre Vorbereitungszeit beträgt 20 Minuten (Paarprüfung und Einzelprüfung). Sie bereiten sich allein vor. Sie dürfen sich Notizen machen. In der Prüfung sollen Sie frei sprechen.

Hilfsmittel (z. B. Wörterbücher, Handys / mobile Endgeräte) sind nicht erlaubt.

## Teil 1 Vortrag halten

Dauer: circa 7 Minuten

Wählen Sie aus den beiden Themen **ein Thema** aus.

Sie nehmen an einem Seminar zu aktuellen Fragen teil und halten einen kurzen Vortrag zu dem von Ihnen gewählten Thema. Ihre Gesprächspartnerinnen / Gesprächspartner hören zu und stellen Ihnen anschließend Fragen dazu.

### Thema 1

**Sollte Bargeld abgeschafft werden?**

In manchen Ländern werden selbst kleinste Beträge im Supermarkt mit bargeldlosen Bezahlmethoden beglichen. In Deutschland ist Bargeld dagegen weiterhin sehr beliebt und sehr viele Zahlungen werden immer noch in bar vorgenommen.

- Geben Sie ein Beispiel.
- Argumentieren Sie für oder gegen die Abschaffung von Bargeld.
- Gehen Sie auf die Situation in Ihrem Heimatland oder einem anderen Land ein.
- Schließen Sie mit einem Ausblick in die Zukunft.

Gehen Sie auf alle vier Punkte ein und achten Sie darauf, Ihren Vortrag gut zu strukturieren.

Sprechen Sie circa 5 Minuten und beantworten Sie danach Fragen.

## Teil 1 Vortrag halten

Dauer: circa 7 Minuten

Wählen Sie aus den beiden Themen **ein Thema** aus.

Sie nehmen an einem Seminar zu aktuellen Fragen teil und halten einen kurzen Vortrag zu dem von Ihnen gewählten Thema. Ihre Gesprächspartnerinnen / Gesprächspartner hören zu und stellen Ihnen anschließend Fragen dazu.

### Thema 2

**Ist ein Gesetz gegen Lebensmittelverschwendung sinnvoll?**

Weltweit verdirbt ein Drittel der produzierten Lebensmittel vor dem Verzehr oder landet ungenutzt im Müll. Fast 20 Millionen Tonnen essbare Lebensmittel werden pro Jahr allein in Deutschland weggeworfen.

- Geben Sie ein Beispiel.
- Argumentieren Sie für oder gegen ein Gesetz gegen Lebensmittelverschwendung.
- Gehen Sie auf die Situation in Ihrem Heimatland oder einem anderen Land ein.
- Machen Sie Vorschläge zur Reduzierung von Lebensmittelabfällen.

Gehen Sie auf alle vier Punkte ein und achten Sie darauf, Ihren Vortrag gut zu strukturieren.

Sprechen Sie circa 5 Minuten und beantworten Sie danach Fragen.

## Teil 2 Diskussion führen

**Dauer für beide Teilnehmende: circa 5 Minuten**

Sie diskutieren mit einer Kollegin / einem Kollegen über das Thema *Elternzeit für Väter*.

Ein gemeinsamer Bekannter ist sich noch unsicher, ob er Elternzeit in Anspruch nehmen soll, um in den nächsten drei Jahren nicht zu arbeiten und sich um die Betreuung seiner Tochter zu kümmern. Dazu haben Sie auch etwas im Internet gelesen.

Elternzeit

### Elternzeit für Väter?

In Deutschland wird als Elternzeit der Zeitraum der unbezahlten Freistellung von der Arbeit nach der Geburt eines Kindes bezeichnet. Die Elternzeit gibt den Eltern gegenüber ihren Arbeitgebern das Recht, die Arbeitszeit nach der Geburt eines Kindes für maximal drei Jahre zu reduzieren bzw. ganz auszusetzen. Selbstverständlich dürfen auch Väter Elternzeit beantragen und das tun in Deutschland immer mehr. Allerdings nehmen Väter deutlich kürzer Elternzeit als Mütter.

- Kommentieren Sie: Was halten Sie von der Elternzeit für Väter?
- Begründen Sie Ihre Haltung zur Elternzeit für Väter.
- Gehen Sie auf die Situation in Ihrem Heimatland oder einem anderen Land ein.
- Einigen Sie sich auf Argumente für ein Gespräch mit Ihrem Bekannten.

Diskutieren Sie gemeinsam circa 5 Minuten.

**Teil 1**

| | a | b | c | d |
|---|---|---|---|---|
| 1 | ☐ | ☐ | ☐ | ☐ |
| 2 | ☐ | ☐ | ☐ | ☐ |
| 3 | ☐ | ☐ | ☐ | ☐ |
| 4 | ☐ | ☐ | ☐ | ☐ |
| 5 | ☐ | ☐ | ☐ | ☐ |
| 6 | ☐ | ☐ | ☐ | ☐ |
| 7 | ☐ | ☐ | ☐ | ☐ |
| 8 | ☐ | ☐ | ☐ | ☐ |

**Teil 2**

| | a | b | c |
|---|---|---|---|
| 9 | ☐ | ☐ | ☐ |
| 10 | ☐ | ☐ | ☐ |
| 11 | ☐ | ☐ | ☐ |
| 12 | ☐ | ☐ | ☐ |
| 13 | ☐ | ☐ | ☐ |
| 14 | ☐ | ☐ | ☐ |
| 15 | ☐ | ☐ | ☐ |

**Teil 3**

| | a | b | c | d | e | f | g | h | i | j |
|---|---|---|---|---|---|---|---|---|---|---|
| 16 | ☐ | ☐ | ☐ | ☐ | ☐ | ☐ | ☐ | ☐ | ☐ | ☐ |
| 17 | ☐ | ☐ | ☐ | ☐ | ☐ | ☐ | ☐ | ☐ | ☐ | ☐ |
| 18 | ☐ | ☐ | ☐ | ☐ | ☐ | ☐ | ☐ | ☐ | ☐ | ☐ |
| 19 | ☐ | ☐ | ☐ | ☐ | ☐ | ☐ | ☐ | ☐ | ☐ | ☐ |
| 20 | ☐ | ☐ | ☐ | ☐ | ☐ | ☐ | ☐ | ☐ | ☐ | ☐ |
| 21 | ☐ | ☐ | ☐ | ☐ | ☐ | ☐ | ☐ | ☐ | ☐ | ☐ |
| 22 | ☐ | ☐ | ☐ | ☐ | ☐ | ☐ | ☐ | ☐ | ☐ | ☐ |
| 23 | ☐ | ☐ | ☐ | ☐ | ☐ | ☐ | ☐ | ☐ | ☐ | ☐ |

**Teil 4**

| | a | b | c | 0 |
|---|---|---|---|---|
| 24 | ☐ | ☐ | ☐ | ☐ |
| 25 | ☐ | ☐ | ☐ | ☐ |
| 26 | ☐ | ☐ | ☐ | ☐ |
| 27 | ☐ | ☐ | ☐ | ☐ |
| 28 | ☐ | ☐ | ☐ | ☐ |
| 29 | ☐ | ☐ | ☐ | ☐ |
| 30 | ☐ | ☐ | ☐ | ☐ |

Diesen Antwortbogen finden Sie zum Ausdrucken auch im Internet unter:
www.hueber.de/pruefung-express

**Teil 1**

| | a | b | c |
|---|---|---|---|
| 1 | ☐ | ☐ | ☐ |
| 2 | ☐ | ☐ | ☐ |
| 3 | ☐ | ☐ | ☐ |
| 4 | ☐ | ☐ | ☐ |
| 5 | ☐ | ☐ | ☐ |
| 6 | ☐ | ☐ | ☐ |

**Teil 2**

| | a | b | c |
|---|---|---|---|
| 7 | ☐ | ☐ | ☐ |
| 8 | ☐ | ☐ | ☐ |
| 9 | ☐ | ☐ | ☐ |
| 10 | ☐ | ☐ | ☐ |
| 11 | ☐ | ☐ | ☐ |
| 12 | ☐ | ☐ | ☐ |
| 13 | ☐ | ☐ | ☐ |
| 14 | ☐ | ☐ | ☐ |
| 15 | ☐ | ☐ | ☐ |

**Teil 3**

| | a | b | c |
|---|---|---|---|
| 16 | ☐ | ☐ | ☐ |
| 17 | ☐ | ☐ | ☐ |
| 18 | ☐ | ☐ | ☐ |
| 19 | ☐ | ☐ | ☐ |
| 20 | ☐ | ☐ | ☐ |
| 21 | ☐ | ☐ | ☐ |
| 22 | ☐ | ☐ | ☐ |
| 23 | ☐ | ☐ | ☐ |

**Teil 4**

| | a | b | c |
|---|---|---|---|
| 24 | ☐ | ☐ | ☐ |
| 25 | ☐ | ☐ | ☐ |
| 26 | ☐ | ☐ | ☐ |
| 27 | ☐ | ☐ | ☐ |
| 28 | ☐ | ☐ | ☐ |
| 29 | ☐ | ☐ | ☐ |
| 30 | ☐ | ☐ | ☐ |



Diesen Antwortbogen finden Sie zum Ausdrucken auch im Internet unter:
www.hueber.de/pruefung-express

Nachname, Vorname ______________________ ______________________ PS

Institution, Ort ______________________ Geburtsdatum PTN-Nr.

**Teil 1**

**Ende von Teil 1.**

**HINWEIS**

In der Prüfung bekommen Sie 4 Antwortbogen.

Die Antwortbogen *Schreiben* finden Sie zum Ausdrucken im Internet unter:
www.hueber.de/pruefung-express

PS
PTN-Nr.

**Teil 2**

Ende von Teil 2.

Die Antwortbogen *Schreiben* finden Sie zum Ausdrucken im Internet unter:
www.hueber.de/pruefung-express

## Bestehen der Prüfung

Jedes Modul muss einzeln bestanden werden. Sie haben ein Modul bestanden, wenn Sie mindestens 60 % der in einem Modul möglichen Punkte erreichen:

| Modul | Ergebnispunkte (maximal) | Ergebnispunkte (mindestens) |
|---|---|---|
| Lesen | 100* | 60 |
| Hören | 100* | 60 |
| Schreiben | 100 | 60 |
| Sprechen | 100 | 60 |

* In den Modulen *Lesen* und *Schreiben* gibt es jeweils 30 Aufgaben bzw. Items. Jedes Item ist ein sogenannter Messpunkt. Pro Messpunkt und Lösung gibt es entweder 1 Punkt oder 0 Punkte. Maximal gibt es also 30 Messpunkte. Das Ergebnis wird auf 100 Ergebnispunkte umgerechnet, indem die erreichten Messpunkte mit 3,33 multipliziert werden. Das Ergebnis wird dann gerundet. Sie müssen also mindestens jeweils 18 der 30 Aufgaben richtig lösen, um die Module *Lesen* und *Hören* zu bestehen.

Für jedes Modul, das Sie abgelegt und bestanden haben, erhalten Sie ein Zeugnis. Auf der Vorderseite des Zeugnisses wird Ihre Prüfungsleistung in Form von Prozentzahlen bzw. Ergebnispunkten dokumentiert. Auf der Zeugnisrückseite werden den Punkten Noten bzw. Prädikate zugeordnet:

| Punkte | Prädikat |
|---|---|
| 100 – 90 | sehr gut |
| 89 – 80 | gut |
| 79 – 70 | befriedigend |
| 69 – 60 | ausreichend |
| 59 – 0 | nicht bestanden |

Werden alle vier Module an einem Prüfungsort und einem Prüfungstermin abgelegt und bestanden, wird das in einem Gesamtzeugnis bescheinigt.
Das Gesamtzeugnis bescheinigt auch das Bestehen aller vier Module innerhalb eines Jahres. Weitere Informationen sind in der Prüfungsordnung des Goethe-Instituts zu finden.

Wenn Sie ein Modul oder mehrere Module nicht bestanden haben, dann können Sie die jeweiligen Modulprüfungen beliebig oft wiederholen.

## Bewertung Schreiben

Bewertet wird Ihre Leistung im Modul *Schreiben* nach vier Kriterien:

- Aufgabenerfüllung: Bewertet wird die Bearbeitung der Aufgabenstellung, also die Frage, ob Sie alle Aspekte der Aufgabe ausreichend berücksichtigt haben. Dabei geht es nicht nur um die inhaltliche Erfüllung der Aufgabe, sondern auch darum, ob Ihr Text die Anforderungen von Textsorte und Situation angemessen berücksichtigt.
- Kohärenz: Bewertet wird, ob Ihr Text klar und logisch strukturiert ist. Geachtet wird hier sowohl auf einen flüssigen und leserfreundlichen Aufbau Ihres Textes als auch auf die angemessene Verwendung von Mitteln der inhaltlichen und sprachlichen Verknüpfung von Textteilen und Sätzen.
- Wortschatz: Bewertet wird, ob Sie sich abwechslungsreich und präzise ausdrücken können. Dabei geht es um den wirksamen Einsatz eines breiten und differenzierten Wortschatzes.
- Strukturen: Bewertet wird zum einen im Hinblick auf Grammatik und Orthografie. Zum anderen geht es um die Frage, ob Sie ein differenziertes Spektrum an sprachlichen Strukturen einsetzen, also z. B. darum, ob der Satzbau in Ihrem Text variabel gestaltet ist und Sie komplexe sprachliche Strukturen sicher verwenden.

Innerhalb eines der vier Kriterien wird Ihre Schreibleistung jeweils einer von fünf Leistungsstufen zugeordnet:

| | | A | B | C | D | E |
|---|---|---|---|---|---|---|
| Aufgabenerfüllung | Teil 1 | 14 | 10,5 | 7 | 3,5 | 0* |
| | Teil 2 | 10 | 7,5 | 5 | 2,5 | |
| Kohärenz | Teil 1 | 14 | 10,5 | 7 | 3,5 | 0 |
| | Teil 2 | 10 | 7,5 | 5 | 2,5 | |
| Wortschatz | Teil 1 | 16 | 12 | 8 | 4 | 0 |
| | Teil 2 | 10 | 7,5 | 5 | 2,5 | |
| Strukturen | Teil 1 | 16 | 12 | 8 | 4 | 0 |
| | Teil 2 | 10 | 7,5 | 5 | 2,5 | |
| **Summe** | | **100** | **75** | **50** | **25** | **0** |

* Ihre Leistung wird beim Kriterium *Aufgabenerfüllung* der Stufe E (0 Punkte) zugeordnet, wenn Sie weniger als die Hälfte der geforderten Wortzahl geschrieben oder das Thema verfehlt haben. Dann wird auch bei allen anderen Kriterien Ihre Leistung automatisch mit 0 Punkten bewertet.
Sie haben das Modul bestanden, wenn Sie mindestens 60 Punkte (60 %) erreichen.

## Bewertung Sprechen

Bewertet wird Ihre Leistung im Modul *Sprechen* nach folgenden Kriterien:

- Aufgabenerfüllung: Bewertet wird, ob Sie die Aufgabe im Hinblick auf Inhalt, Umfang und die Realisierung von Sprachfunktionen (z. B. argumentieren, sich einigen) erfüllen. Wichtig ist, alle Inhaltspunkte zu berücksichtigen.
- Kohärenz (Vortrag): Bewertet wird, ob Ihr Vortrag nachvollziehbar und logisch strukturiert ist. Geachtet wird hier sowohl auf eine klare Gliederung Ihres Vortrags als auch auf die angemessene Verwendung von Mitteln der inhaltlichen und sprachlichen Verknüpfung von Vortragsteilen und Sätzen. Außerdem wird hier auch die Flüssigkeit, mit der Sie Ihren Vortrag präsentieren, bewertet.
- Interaktion (Diskussion): Bewertet wird, ob Sie in der Lage sind, eine Diskussion situationsangemessen im passenden sprachlichen Register zu führen und zu gestalten. Dabei spielt auch eine Rolle, ob und wie Sie auf Ihre Gesprächspartnerin / Ihren Gesprächspartner eingehen und mit ihr / ihm interagieren.
- Wortschatz: Bewertet wird, ob Sie abwechslungsreich sprechen und alles, was Sie sagen wollen, auch möglichst präzise ausdrücken können. Dabei geht es um den wirksamen Einsatz eines breiten und differenzierten Wortschatzes.
- Strukturen: Bewertet wird zum einen das Maß an Korrektheit Ihrer Beiträge im Hinblick auf die Grammatik. Zum anderen geht es um die Frage, ob Sie beim Sprechen ein differenziertes Spektrum an sprachlichen Strukturen einsetzen und komplexe sprachliche Strukturen sicher verwenden.
- Aussprache: Bewertet wird, wie klar und verständlich Sie sprechen. Dabei wird nicht nur auf die Aussprache von einzelnen Lauten oder Wörtern geachtet, sondern insbesondere auf Satzmelodie und Betonungen.

Zusätzlich wird der Aspekt „Fragen / Antworten" in *Sprechen Teil 1* sowohl inhaltlich als auch sprachlich bewertet.
Innerhalb eines der vier Kriterien wird Ihre Leistung jeweils einer von fünf Leistungsstufen zugeordnet:

| | | A | B | C | D | E |
|---|---|---|---|---|---|---|
| Aufgabenerfüllung | Teil 1 | 10 | 7,5 | 5 | 2,5 | 0 |
| | Teil 2 | 8 | 6 | 4 | 2 | |
| Kohärenz | Teil 1 | 10 | 7,5 | 5 | 2,5 | 0 |
| Interaktion | Teil 2 | 8 | 6 | 4 | 2 | 0 |
| Wortschatz | Teil 1 | 10 | 7,5 | 5 | 2,5 | 0 |
| | Teil 2 | 8 | 6 | 4 | 2 | |
| Strukturen | Teil 1 | 10 | 7,5 | 5 | 2,5 | 0 |
| | Teil 2 | 8 | 6 | 4 | 2 | |
| Aussprache | Teil 1 + Teil 2 | 16 | 12 | 8 | 4 | 0 |
| Fragen / Antworten | Teil 1 | 12 | 9 | 6 | 3 | 0 |
| **Summe** | | **100** | **75** | **50** | **25** | **0** |

Sie haben das Modul bestanden, wenn Sie mindestens 60 Punkte (60 %) erreichen.

## Wie Sie Ideen sammeln

Unabhängig davon, ob Sie einen Forumsbeitrag oder eine formelle Nachricht schreiben: Sie brauchen Ideen! Nehmen Sie sich vor dem Schreiben Zeit, um Ihre Ideen zum Thema stichwortartig zu sammeln und so Ihren Text zu planen. Es gibt zahlreiche Verfahren und Methoden, die die Ideenfindung erleichtern. Arbeiten Sie in der Prüfung mit der Methode, mit der Sie gut zurechtkommen und mit der Sie schnell gute Ergebnisse erreichen. Denn für die Ideenfindung und Planung Ihres Textes sollten Sie nicht mehr als 10 bis 15 Minuten der Prüfungszeit verwenden.
Alle Methoden liefern sicherlich mehr Ideen, als Sie dann im Text verwenden können. Nach der Ideensammlung müssen Sie die Aspekte auswählen, die Sie in Ihrem Text ausarbeiten möchten, und andere Aspekte wieder streichen.

Im Folgenden werden vier einfache Verfahren gezeigt, die Sie im Rahmen der Prüfung gut einsetzen können. Wichtig ist, dass Sie diese Verfahren im Rahmen Ihrer Prüfungsvorbereitung ausprobieren und einüben. Entscheiden Sie sich vorab für das Verfahren, mit dem Sie in der Prüfung arbeiten werden. In der Prüfung müssen Sie diese Methode so gut trainiert haben, dass Sie keine Zeit verlieren, weil Sie sich über das Vorgehen nicht ganz sicher sind. Insgesamt gilt: Um passende Ideen zu finden, ist es wichtig, die Aufgabe gut zu analysieren und das Thema genau und sicher zu erfassen.

### Stichwortliste

Bei einer Stichwortliste handelt es sich um das einfachste Verfahren der assoziativen Ideenfindung. Schreiben Sie stichwortartig und ungeordnet alles auf, was Ihnen spontan zum Thema einfällt.

Beispiel zu *Schreiben Teil 1*, Seite 37:

***Das eigene Auto – noch immer ein Wunschtraum?***
- Auto als Statussymbol
- Auto als Umweltbelastung
- Individualverkehr als persönliche Freiheit, Unabhängigkeit
- hoher Kostenfaktor aufgrund steigender Energiepreise
- Verkehrsbelastung in den Städten und auf den Fernstraßen
- ideales Fortbewegungsmittel für Familien
- Entwicklung alternativer und umweltfreundlicher Motoren
- Abhängigkeit des Wohlstandes in Deutschland von der Autoindustrie
- hohe Reparatur- und Wartungskosten
- ...

### Assoziogramm

Auch in einem Assoziogramm (auch Cluster oder Wortigel) können Sie notieren, was Ihnen zum Thema spontan einfällt. Dazu schreiben Sie das Thema in die Mitte Ihres Notizpapiers und kreisen es ein. Stichwortartig und ungeordnet notieren Sie alles, was Ihnen in den Sinn kommt, um das Wort in der Mitte herum.

Beispiel zu *Schreiben Teil 2*, Seite 39:

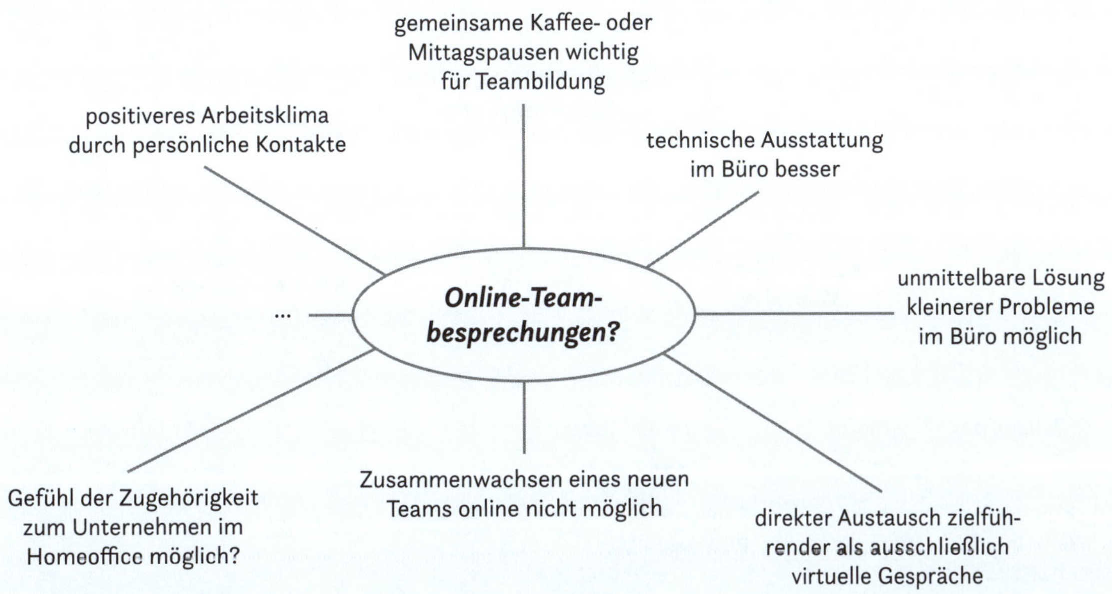

## Tabelle

Bei einer argumentativen Schreibaufgabe bietet es sich an, Ihre Ideen in Form einer Tabelle aufzuschreiben. Denn Sie sollen sich kritisch mit dem Thema auseinandersetzen, indem Sie Pro- und Kontra-Argumente, Vor- und Nachteile, positive und negative Konsequenzen etc. argumentativ und abwägend einander gegenüberstellen. Mithilfe einer Tabelle, in der Sie Ihre Ideen stichwortartig notieren, können Sie bereits eine passende Sortierung vornehmen.

Beispiel zu *Schreiben Teil 1*, Seite 66:

***Soziales Pflichtjahr***

| Pro | Kontra |
|---|---|
| Erfahrungen für das spätere Berufsleben<br>Stärkung des gesellschaftlichen Zusammenhaltes<br>Horizonterweiterung<br>positive Auswirkung auf persönliche Entwicklung<br>Fachkräftemangel gerade im sozialen Bereich<br>... | Eingriff in garantierte Grundrechte<br>Verlust wertvoller Zeit für Studium oder Ausbildung<br>kontraproduktiv bei fehlender Motivation<br>Gefahr der Absenkung des Lohnniveaus gerade im sozialen Bereich<br>... |

## Mindmap

Auch mit einer Mindmap, einem sogenannten Ideennetz, lassen sich bereits bei der Sammlung die Ideen ordnen und strukturieren. Eine Mindmap ähnelt dem Assoziogramm. Auch hier schreiben Sie das Thema in die Mitte Ihres Notizblattes. Vom Thema gehen Hauptäste ab, an die Sie stichwortartig Ihre übergeordneten Ideen schreiben. Diese Äste teilen sich dann in Unteräste bzw. Zweige für untergeordnete Ideen wie Belege und Beispiele auf.

Beispiel zu *Schreiben Teil 2*, Seite 66:

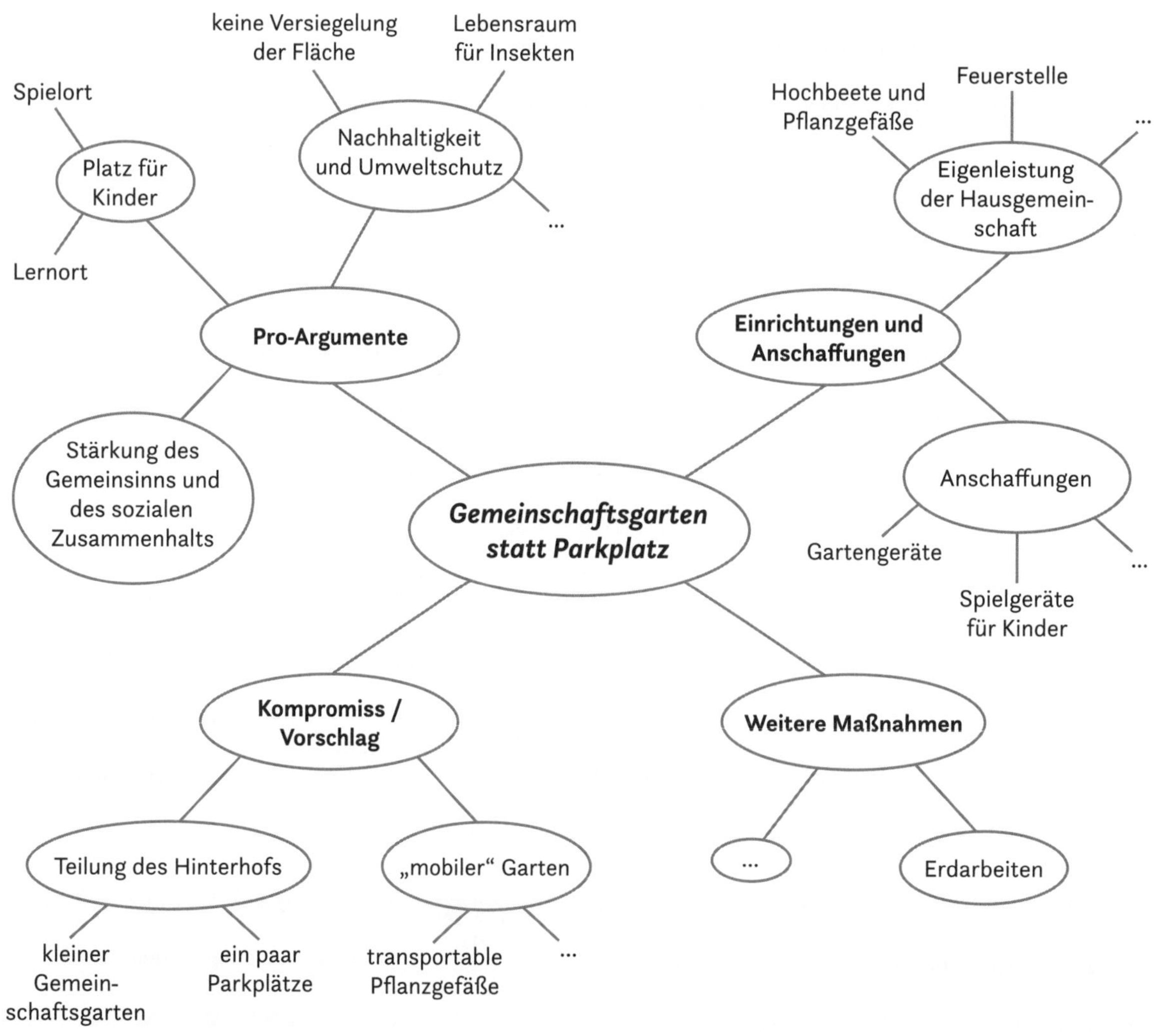

## Wie Sie Ihren Text gliedern

Nachdem Sie Ihre Ideen notiert haben, sollten Sie auf Ihrem Notizpapier einen kurzen Schreibplan festlegen. Ein Schreibplan unterstützt Sie dabei, Ihren Text zu strukturieren, logisch aufzubauen und während des Schreibens nicht den Überblick zu verlieren. Ordnen Sie dazu Ihre Ideen nach ihrer unterschiedlichen Bedeutung und überlegen Sie, welche Stichpunkte inhaltlich zusammenpassen, welche davon sich als Oberpunkte eignen und welche Beispiele darstellen. Streichen Sie aber auch Ideen, die nicht exakt zum Thema passen oder nur eine untergeordnete Rolle spielen. Konzentrieren Sie sich auf die wesentlichen Aspekte.

## Schreiben 1: Forumsbeitrag

Der Forumsbeitrag, den Sie in Teil 1 des Moduls *Schreiben* verfassen, soll in die erforderlichen Textteile Einleitung, Hauptteil und Schluss gegliedert sein. Die folgende Übersicht zeigt Ihnen verschiedene Möglichkeiten für Einleitung, Hauptteil und Schluss, die Ihnen dabei helfen können, Ihre gesammelten Ideen zu ordnen und in einem Schreibplan zu strukturieren:

**Einleitung**
das Thema vorstellen und konkretisieren
das Thema in einen Kontext stellen
die Relevanz des Themas zeigen
aktuelle Beispiele für das Thema nennen
den eigenen Bezug zum Thema beschreiben
wichtige Begriffe erklären
eine zentrale Fragestellung für den Text formulieren

**Hauptteil**
Situationen beschreiben und analysieren
verschiedene Ansichten und Blickwinkel schildern
Thesen formulieren
Argumente strukturiert darlegen, begründen und mit Beispielen stützen
Gegenpositionen aufzeigen und entkräften
Ansichten gegeneinander abwägen
Schlussfolgerungen ziehen

**Schluss**
ein Fazit ziehen
die Ergebnisse der Argumentation zusammenfassen
die eigene Position darlegen und begründen
einen Ausblick geben
einen Lösungsvorschlag machen

Vergessen Sie nicht, die einzelnen Teile Ihres Textes durch Überleitungen miteinander zu verbinden.

## Schreiben 2: (halb-)formelle Nachricht

In der Nachricht, die Sie in Teil 2 des Moduls *Schreiben* verfassen sollen, richten Sie entweder eine Beschwerde oder einen Vorschlag an eine konkrete Person, die Ihnen in der Aufgabe genannt wird.
Damit Ihre Nachricht den Anforderungen einer (halb-)formellen Nachricht, etwa einer E-Mail, entspricht, können abhängig von der Aufgabenstellung folgende Bestandteile – neben der formellen Anrede zu Beginn und der formellen Grußformel am Ende – sinnvoll sein:

- das Problem schildern
- Verständnis für die Situation der Adressatin / des Adressaten zeigen
- Bedenken nennen
- Pro- und / oder Kontra-Argumente anführen
- Maßnahmen zur Verbesserung der Situation bzw. zur Lösung des Problems beschreiben
- einen Kompromissvorschlag machen
- sich für die Umstände entschuldigen
- sich für die Möglichkeit, sich äußern zu können, bedanken

Nicht immer sind alle Elemente notwendig und auch die Reihenfolge können Sie variieren. Nutzen Sie die Aufgabenstellung, die Ihnen bereits eine sinnvolle Gliederung und eine sinnvolle Reihenfolge der einzelnen Aspekte vorgibt, und passen Sie Ihre Nachricht immer an die Situation bzw. an die Aufgabe an. Vergessen Sie auch nicht, die einzelnen Teile Ihrer Nachricht durch Überleitungen miteinander zu verbinden.

## Wie Sie argumentieren

Sowohl für den Forumsbeitrag als auch für die formelle Nachricht brauchen Sie Argumente. Ein Argument besteht idealerweise aus drei Teilen: aus einer These, einer Begründung und einem Beispiel:

| | | Beispiel zu *Schreiben Teil 1*, Seite 37: |
|---|---|---|
| **These** | Stellen Sie kurz, am besten in einem Satz, eine These bzw. eine Behauptung auf. | Ein eigenes Auto ist sehr kostenintensiv. |
| **Begründung** | Erklären Sie, warum man die These vertreten kann. Ihre Begründung ist der Kern des Arguments. Sie kann mehrere Sätze umfassen. Außerdem kann eine These auch mit unterschiedlichen Aspekten begründet werden. | Neben den hohen Ausgaben für die Anschaffung eines Autos fallen auch immense Betriebskosten an. |
| **Beispiel(e)** | Veranschaulichen Sie die Begründung mit mindestens einem konkreten Beispiel. Dadurch wird Ihre Argumentation überzeugender. | Ein eigenes Auto muss man versichern. Das kostet mehrere Hundert Euro pro Jahr. Für Reparaturen und Wartung muss man viel Geld ausgeben. |

Für eine Argumentation reicht ein Argument nicht aus. Sie brauchen verschiedene Argumente, die Sie in eine sinnvolle Reihenfolge bringen und zu einer Argumentationskette verbinden müssen. In dieser Argumentationskette sollen Sie gegensätzliche Positionen einander gegenüberstellen. Dabei können Sie zunächst alle Pro-Argumente und anschließend alle Kontra-Argumente (oder umgekehrt) erläutern. Oder Sie ordnen Ihre Argumentationen so, dass Sie jeweils ein Pro- und ein Kontra-Argument in direktem Wechsel einander gegenüberstellen und damit zu jeder These gleich die passende Gegenthese erörtern. Unabhängig davon, welchen Textaufbau Sie wählen: Wichtig ist, dass Ihr Text logisch und klar strukturiert ist.

## Wie Sie Ihren Text sprachlich gestalten

Denken Sie daran, dass es sich bei der Prüfung um eine Sprachprüfung handelt. Natürlich ist wichtig, **was** Sie schreiben. Den größten Teil der Punkte erhalten Sie im Modul *Schreiben* dafür, **wie** Sie schreiben (siehe die Informationen zur Bewertung des Moduls *Schreiben* auf den Seiten 75–76). Sie sollen zeigen, dass Sie über einen breiten Wortschatz verfügen und ihn differenziert einsetzen. Außerdem geht es darum, dass Sie grammatikalisch und orthografisch so schreiben, dass durch vereinzelte Fehler der Lesefluss nicht beeinträchtigt wird. Darüber hinaus sollen Sie zeigen, dass Sie in der Lage sind, komplexe Strukturen anzuwenden. Unter solchen komplexen Strukturen versteht man beispielsweise komplexe Satzgefüge (mit passenden Konnektoren, siehe unten), Nominalisierungen (statt Nebensätze), Nomen-Verb-Verbindungen wie z. B. *Anwendung finden* (statt *anwenden*) oder *einen Vergleich anstellen* (statt *vergleichen*) oder auch bestimmte Präpositionen wie z. B. *angesichts*, *mittels* oder *mangels*, die typisch für die Schriftsprache sind. Wichtig ist, dass Sie sowohl beim verwendeten Wortschatz als auch bei den eingesetzten Strukturen variieren und möglichst abwechslungsreich schreiben.
Besonders geachtet wird bei der Bewertung auch darauf, ob Sie die einzelnen Teile Ihres Textes, Ihre Argumentation und Ihre Sätze sinnvoll und logisch miteinander verknüpfen. Verwenden Sie dazu sprachliche Mittel der Verknüpfung wie Konnektoren und geeignete Redemittel.

### Konnektoren (Auswahl)

Konnektoren sind Wörter und Ausdrücke, die Teile eines Textes miteinander verbinden. Mit Konnektoren lassen sich logische Zusammenhänge zwischen Sätzen oder Teilsätzen ausdrücken. Sie helfen beispielsweise beim angemessenen Formulieren von Gründen (kausale Konnektoren), von Folgen (konsekutive Konnektoren), von Gegensätzen (adversative Konnektoren), von Bedingungen (konditionale Konnektoren), von Widersprüchen (konzessive Konnektoren), von Mitteln bzw. Instrumenten (modale Konnektoren), von Ziel und Zweck einer Handlung (finale Konnektoren) und von Informationen zur Zeit (temporale Konnektoren). Diese Zusammenhänge kann man auch mit Präpositionen ausdrücken.

Der jeweilige Konnektor bestimmt die Position des Verbs. Es gibt drei Möglichkeiten.

1. Der Konnektor steht auf der Position 0 und ändert die Wortstellung nicht. Man nennt sie „Konjunktor“:
   „Denn“ nennt man „Konjunktor“, denn „denn“ ändert die Wortstellung nicht.
2. Der Konnektor steht am Satzanfang, das Verb steht am Ende (= Nebensatz). Man nennt sie „Subjunktor“:
   „Weil“ nennt man „Subjunktor“, weil das Verb am Ende steht.
3. Der Konnektor steht wie ein Adverb innerhalb eines Satzes, an der ersten Stelle oder weiter hinten im Satz. Man nennt sie „Konjunktionaladverb“ oder einfach „Adverb“:
   „Deshalb“ kann an verschiedenen Stellen im Satz stehen. *Deshalb* nennt man „deshalb“ „Adverb“. /
   Man nennt „deshalb“ *deshalb* „Adverb“.

| | Grund (kausal) | Folge (konsekutiv) | Gegensatz (adversativ) |
|---|---|---|---|
| Konjunktor | denn | | aber; doch |
| Subjunktor | da; weil | sodass; so ..., dass | während; anstatt dass / anstatt ... zu**; wohingegen |
| Adverb | daher; deshalb; darum; deswegen; nämlich* | folglich; infolgedessen | jedoch; dagegen; demgegenüber; stattdessen |
| Wendung | aus diesem Grund | | |
| Präposition | wegen; aufgrund; mangels, angesichts; dank; aus Gründen | infolge | im Gegensatz zu; im Unterschied zu; im Vergleich zu |

| | Bedingung (konditional) | Einschränkung (konzessiv) | Ziel und Zweck (final) |
|---|---|---|---|
| Konjunktor | vorausgesetzt | zwar ... aber / doch | |
| Subjunktor | wenn; falls; sofern | obwohl, obgleich, obschon, wenn auch, auch wenn, selbst wenn | damit; um ...zu** |
| Adverb | andernfalls; sonst | trotzdem; dennoch; allerdings; indessen | dazu; dafür |
| Wendung | im Falle / für den Fall / unter der Bedingung / angenommen, dass; je nachdem, ob / wie; vorausgesetzt, dass; es sei denn, dass | ungeachtet der Tatsache, dass | mit dem Ziel; zu diesem Zweck |
| Präposition | bei; ohne; im Falle / im Falle von | trotz; ungeachtet; auch bei / selbst bei | für; zwecks; zu |

| | Mittel (modal) | Zeit, gleichzeitig (temporal) | Zeit, nicht gleichzeitig (temporal) |
|---|---|---|---|
| Konjunktor | | | |
| Subjunktor | dadurch, dass; indem; ohne dass / ohne zu** | als; bis; (immer) wenn; seit / seitdem; seither; solange; sooft; während | bevor; ehe; nachdem; sobald |
| Adverb | dadurch; damit | währenddessen | davor / vorher; danach; anschließend |
| Wendung | mithilfe | | |
| Präposition | durch; mit; mittels | bis / bis zu; seit; während; von ... an | nach / gleich nach; vor |

* nur im Mittelfeld
** Verb im Infinitiv

# ANHANG NÜTZLICHE AUSDRÜCKE (SCHREIBEN)

Lesen Sie die folgenden Ausdrücke und Redemittel durch und wählen Sie aus jeder Kategorie drei bis vier aus, die Sie in der Prüfung verwenden wollen.

### Argumente anführen

Als Gegenargument lässt sich hier anführen, dass ...
Außerdem/Weiterhin ist wichtig, dass ...
Befürworter/Kritiker meinen/sind überzeugt ...
Befürworter/Kritiker von ... vertreten die Ansicht/Meinung, dass ...
Dafür/Dagegen gibt es viele Argumente: ...
Dafür/Dagegen lässt sich anführen, dass ...
Dagegen kann man einwenden, dass ...
Darüber hinaus muss man bedenken, dass ...
Das Hauptargument für die Befürwortung/für die Ablehnung von ... (aber) ist ...
Das überzeugendste Argument ist ...
Dabei geht es nicht nur um ..., sondern auch darum, dass ...
Dem steht ... gegenüber.
Der wichtigste Einwand bezieht sich auf ...
Die folgenden Argumente sprechen (eindeutig) für/gegen ...
Ein wichtiges Argument für/gegen ... ist die Tatsache, dass ...
Interessant ist noch der Einwand, dass ...
Man darf auch nicht vergessen, dass ...
Man muss (aber) auch berücksichtigen, dass ...
Man sollte auch in Betracht ziehen ...
Nicht zu vergessen ist ...
Schließlich möchte ich noch darauf hinweisen, dass ...
... spricht für/gegen ...
Was dafür/dagegen spricht, ist ...

### Abwägen

Auf der einen Seite ..., auf der anderen Seite ...
Einerseits ..., andererseits ...
Wenn auch ..., so ist doch ....
Zum einen ..., zum anderen ...

### Aufzählen und gliedern

Abschließend ...
Als Erstes ...
Als Nächstes ...
Außerdem ...
Danach/Dann ...
Darüber hinaus ...
Dazu kommt (noch), dass ...
Des Weiteren ...
Ein weiterer Aspekt/Einwand ist ...
Ein weiteres Argument für/gegen ... ist ...
Erstens/Zweitens/Drittens ...
Es folgt ...
Im Anschluss
Man muss sowohl ... als auch ... berücksichtigen.
Schließlich ...
Zuerst ...
Zuletzt ...
Zum Schluss ...
Zunächst ...

### Beispiele anführen

Als Beispiel kann ... dienen.
Folgendes Beispiel lässt sich dazu anführen: ...
An folgendem Beispiel kann man besonders gut sehen, dass/wie ...
Das folgende Beispiel kann dies belegen/konkretisieren/verdeutlichen: ...
Das lässt sich anhand des folgenden Beispiels erläutern/darstellen: ...
Das sieht man an folgendem Beispiel: ...
Dazu möchte ich folgende Beispiele anführen: ...
Die These lässt sich anhand von folgendem Beispiel belegen: ...
Dies möchte ich durch folgendes Beispiel verdeutlichen/veranschaulichen: ...
Dieses Beispiel zeigt, dass ...
Ein (gutes/anschauliches) Beispiel dafür ist ...
Ein Beispiel, das man hier unbedingt anführen sollte, ist ...
Ein Musterbeispiel hierfür ist ...
Ein treffendes Beispiel dafür ist die Tatsache, dass ...
... ist dafür beispielhaft.
... ist ein repräsentatives/typisches Beispiel für ...
... kann man beispielsweise an ... sehen.
Man sieht das deutlich an folgendem Beispiel: ...
... zeigt sich daran, dass ...

### Bezug nehmen

Fest steht inzwischen, dass ...
Forschungsergebnissen zufolge ...
Laut neuesten Untersuchungen ...
Nach Aussagen von ...
Untersuchungen haben gezeigt, dass ...
Wie man herausgefunden hat, ...

### Fazit ziehen

Abschließend lässt sich sagen, ...
Abschließend möchte ich betonen/festhalten, dass ...
Angesichts ... liegt die Schlussfolgerung nahe, dass ...
Auch wenn vieles dafür/dagegen spricht, halte ich (persönlich) ...
Aus all dem kann man den Schluss ziehen, dass ...
Betrachtet man alle Argumente, muss man zum Schluss kommen, dass ...
Daraus ergibt sich die Schlussfolgerung ...
Insgesamt kann man feststellen, dass ...
Insgesamt zeigt sich ...
... lässt die Schlussfolgerung zu, dass ...
Meine persönliche Schlussfolgerung ist ...
Zum Schluss möchte ich ...
Zusammenfassend könnte man sagen, dass ...

**Folgen benennen**

Als Konsequenz ergibt sich daraus, dass ...
Aus ... kann man schließen, dass ...
... bewirkt, dass ...
... bringt es mit sich, dass ...
Daraus ergeben sich folgende Konsequenzen: ...
Daraus ergibt sich ...
Daraus lässt sich ableiten/folgern, dass ...
... führt zu ...
... hat positive/negative Auswirkungen auf ...
... hat zur Folge, dass ...
... ist eine logische Folge.
... verursacht, dass ...

**Gründe und Ursachen formulieren**

... beruht darauf, dass ...
Dafür kann man folgende Begründung geben: ...
Dafür könnte es folgende Gründe geben: ...
Dafür lassen sich folgende Gründe nennen: ...
Das kommt davon, dass ...
Das liegt daran, dass ...
Das rührt daher, dass ...
Dazu möchte ich folgende Gründe anführen: ...
Der Grund / Die Ursache ist ....
Die Ursache ist, dass ...
Eine mögliche Ursache könnte die Tatsache / der Umstand sein, dass ...
... erklärt sich daraus, dass ...
Für ... sind folgende Faktoren verantwortlich: ...
... geht zurück auf ...
... hängt mit ... zusammen.
... hat folgenden Grund / folgende Gründe: ...
... ist (wohl/wahrscheinlich/vielleicht/...) auf ... zurückzuführen.
... ist eine Ursache von ...
... ist ein häufiger Grund für ...
... kommt daher, dass ...
... lässt sich auf ... zurückführen.
... liegt (möglicherweise/wahrscheinlich/...) daran, dass ...
... steht im Zusammenhang mit ...
... wird verursacht/hervorgerufen durch ...

**Meinung und Überzeugung ausdrücken**

Dazu bin ich geteilter Meinung: Einerseits ..., andererseits ....
Die Ansicht, dass ..., kann ich nicht/nur teilweise teilen.
Es bleibt abzuwarten, ob ...
Es ist doch eine Tatsache, dass ...
Es ist fraglich, ob ...
Es ist mit Sicherheit so, dass ...
Es ist unwahrscheinlich, dass ...
Für mich steht fest, dass ...
... halte ich (nicht/nur teilweise) für ...
... hat für mich zu viele Nachteile, deshalb ...
Ich bezweifle, dass ...
Ich bin (davon) überzeugt, dass ...
Ich bin der festen Überzeugung, dass ...
Ich bin sicher, dass ...
Ich halte diese Idee für ..., weil ...
Ich stehe auf dem Standpunkt, dass ...
Ich teile diese Auffassung (nicht), weil ...
Ich vertrete (auch) die Meinung/Ansicht/Position, dass ...
In meinen Augen überwiegen hier die Vorteile/ Nachteile, deshalb ...
Meine Auffassung/Einstellung (dazu) ist folgende: ...
Meines Erachtens ...
Nach meinem Dafürhalten ...
... überzeugt mich nicht / nicht ganz.

**Vorteile und Nachteile benennen**

Ein (großer) Vorteil/Nachteil von ... ist, dass ...
Ein Vorteil/Nachteil von ... besteht darin, dass ...
Für ... ist es ein Vorteil/Nachteil, wenn ...
Gegenüber ... hat ... den Vorteil/Nachteil, dass ...
... hat den Vorteil/Nachteil, dass ...
Ich sehe einen Vorteil/Nachteil darin, dass ...
... ist ein entscheidender Vorteil/Nachteil.
... ist natürlich vorteilhaft/nachteilhaft.
Vorteilhaft/Nachteilhaft wirkt sich ... aus.

**Vermutungen ausdrücken**

Aller Wahrscheinlichkeit nach ...
... deutet darauf hin, dass ...
Die bisherige Entwicklung lässt vermuten, dass ...
Es besteht die Möglichkeit, dass ...
Es ist (sehr) wahrscheinlich, dass ...
Es ist anzunehmen, dass ...
Es ist möglich / denkbar / vorstellbar / nicht ausgeschlossen, dass ...
Es scheint, dass ...
Es sieht so aus, als ob ...
Ich gehe davon aus, dass ...
Ich könnte mir vorstellen, dass ...
... lässt darauf schließen, dass ...
... lässt vermuten, dass ...

**Wichtigkeit ausdrücken**

(Besonders) auffallend ist ...
An erster Stelle steht ...
Ausschlaggebend ist ...
Besonders wichtig/bemerkenswert erscheint ...
Besonders wichtig erscheint mir, dass ...
Ein wichtiger Punkt ist ...
Entscheidend für ... ist ...
Gerade bei ... ist wichtig, dass ...
Hierbei muss man besonders betonen/hervorheben, dass ...
Man darf auch nicht übersehen, dass ...
Von besonderer Bedeutung ist ...

## Sprechen 1: Vortrag halten

In diesem Prüfungsteil sollen Sie nicht nur Ihre eigenen Erfahrungen und Ihre eigene Meinung präsentieren. Genauso wie beim Modul *Schreiben* wird von Ihnen erwartet, dass Sie das gewählte Thema aus unterschiedlichen Perspektiven betrachten. Orientieren Sie sich deshalb bei der Vorbereitung des Vortrags bezüglich Ideenfindung, Gliederung und Argumentation auch an den Hilfen für das Modul *Schreiben*.

Ihr Vortrag soll – wie auch der Forumsbeitrag in Teil 1 des Moduls *Schreiben* – aus Einleitung, Hauptteil und Schluss bestehen. In der Einleitung führen Sie kurz zum Thema hin. Im Schluss fassen Sie Ihre Argumentation zusammen. Im Hauptteil setzen Sie sich mit dem Thema auseinander, indem Sie – abhängig von der Aufgabenstellung – beispielsweise

- Beispiele anführen,
- Pro- und Kontra-Argumente, Vor- und Nachteile, positive und negative Folgen etc. diskutieren,
- Maßnahmen erklären,
- auf die Situation in Ihrem Heimatland eingehen,
- einen Vorschlag machen,
- eine Prognose aufstellen,
- ...

Ihre eigene Meinung sollte sich logisch aus Ihrer Argumentation ergeben. Ihre persönlichen Erfahrungen mit dem Thema können Sie in die Einleitung oder in den Schluss Ihres Vortrags einfließen lassen.

Besonders wichtig ist eine klar erkennbare und deutliche Gliederung Ihres Vortrags. Die Grobgliederung Ihres Vortrags ergibt sich aus den Inhaltspunkten, die in der Prüfungsaufgabe genannt werden. Gerade bei einem Vortrag, der ja mündlich vorgetragen wird, ist es von zentraler Bedeutung, dass sich die Zuhörerinnen und Zuhörer orientieren und dem Sprecher mit Verständnis folgen können. Sie können Ihren Zuhörerinnen und Zuhörern dabei helfen, indem Sie

- in der Einleitung kurz den Aufbau Ihres Vortrags erklären und Ihren Zuhörerinnen und Zuhörern dadurch einen Überblick geben, welche Inhalte sie erwarten können.
- die einzelnen Teile Ihres Vortrags durch Überleitungen deutlich miteinander verbinden und mit passenden Redemitteln klar signalisieren, wenn Sie mit einem neuen Aspekt beginnen.
- die logische Struktur Ihrer Argumentation durch passende Konnektoren (siehe Seite 80–81) sichtbar und nachvollziehbar machen.

## Sprechen 2: Diskussion führen

In diesem Prüfungsteil sollen die beiden Prüflinge nicht einfach ihre jeweilige Meinung nacheinander präsentieren, sondern sie sollen miteinander ins Gespräch kommen und gemeinsam diskutieren. Sie sollen mit Ihrer Prüfungspartnerin / Ihrem Prüfungspartner Argumente austauschen und diese sachlich begründen und mit Beispielen und persönlichen Erfahrungen veranschaulichen. Am Ende der Diskussion sollen sie sich auf passende Argumente einigen.

Wie in jeder Diskussion gilt auch hier, dass Sie Meinungen zustimmen oder widersprechen können. Sie können sich aber auch von Ihrer Prüfungspartnerin / Ihrem Prüfungspartner überzeugen lassen und Ihre ursprüngliche Meinung korrigieren bzw. revidieren. Veranschaulichen Sie Ihre Argumentation, indem Sie Beispiele nennen oder über persönliche Erfahrungen berichten, und steuern Sie das Gespräch beispielsweise durch Nachfragen, wenn etwas unklar geblieben ist oder Sie nicht ganz sicher sind, ob Sie richtig verstanden haben.

Lesen Sie die folgenden Ausdrücke und Redemittel durch und wählen Sie aus jeder Kategorie drei bis vier aus, die Sie in der Prüfung verwenden wollen.

Setzen Sie solche Redemittel gezielt, aber nur dosiert ein. Eine bloße Aneinanderreihung von Redemitteln wirkt schnell unnatürlich und wird bei der Bewertung Ihrer Leistung eher negativ beurteilt.

## Sprechen 1: Vortrag halten

**Einen Vortrag einleiten**

Das Thema meines Vortrags lautet ...
Ich befasse mich mit dem Thema / der Frage ...
In den nächsten Minuten werde ich Ihnen ... vorstellen.
Im Zentrum meines Vortrags steht die Frage ...
In meinem Vortrag widme ich mich der Frage ...
In meinem Vortrag geht es um ...
In meinem Vortrag werde ich über ... sprechen.
Mein Vortrag befasst sich mit der Frage ...
Thema meines Vortrags ist ...

**Den Aufbau eines Vortrags beschreiben**

Abschließend werde ich meine persönliche Meinung zu ... darlegen.
Danach/Dann komme ich im zweiten Teil zu ...
Ein weiterer Punkt wird ... sein.
Ich habe den Vortrag folgendermaßen aufgebaut: ...
Ich habe mir den Vortrag wie folgt vorgestellt: ...
Im zweiten Teil geht es dann um ...
Im dritten Teil werde ich mich ... zuwenden.
Im ersten Teil möchte ich über ... sprechen.
In einem ersten Schritt spreche ich über ...
Mein Vortrag besteht aus drei Teilen: ...
Mein Vortrag gliedert sich in drei Teile: ...
Zuerst spreche ich über ...
Zunächst möchte ich auf ... eingehen.
Zunächst spreche ich über ...
Zuletzt befasse ich mich mit ...
Zum Schluss möchte/werde ich noch auf ... eingehen.

**Einen Vortrag gliedern**

Als Erstes möchte ich auf ... eingehen.
Als Nächstes komme ich zu ...
Damit komme ich zum letzten Aspekt.
Damit komme ich zur Frage, ob/warum ...
Das bringt/führt mich/uns zum nächsten Punkt: ...
Ein weiterer Aspekt/Punkt ist auch die Frage, ob ...
Ich komme nun/jetzt zum ersten/zweiten/nächsten/letzten Punkt: ...
Ich möchte als Nächstes über ... sprechen.
Jetzt möchte ich noch auf ... eingehen.
Kommen wir nun zum nächsten Punkt: ...
Mein nächster Punkt betrifft ...
Nun werden wir uns der Frage zuwenden, ob/was ...
Soweit der erste Teil. Ich komme jetzt zu ...
Zum ersten Punkt: ...

**Einen Vortrag abschließen**

Abschließend möchte ich noch einmal hervorheben/betonen/erwähnen, dass ...
Fazit des gerade Gesagten ist ...
Zusammenfassend lässt sich festhalten, dass ...
Zusammenfassend möchte ich sagen, ...
Ich fasse zusammen: ...
Ich komme jetzt zum Schluss: ...
Lassen Sie mich das Wichtigste nochmals kurz zusammenfassen: ...
Lassen Sie mich zum Schluss noch sagen, dass ...
Möchten Sie noch etwas fragen?
Gibt es noch Fragen?
Für Fragen stehe ich gern zur Verfügung.
Vielen Dank für Ihre Aufmerksamkeit.

**Eine Anschlussfrage stellen**

Ein Aspekt ist mir noch nicht ganz klar: ...
Mich würde noch interessieren, warum ...
Über ... würde ich gern noch mehr wissen.
Was mich noch interessiert, ist ...
Was würdest du zu dem Einwand, dass ..., sagen?
Welche Meinung hast du zu ...

**Auf Anschlussfragen reagieren**

Danke für diese Frage, auf die ich gern antworte/eingehe.
Das ist eine interessante/wichtige Frage, die ich mir auch schon gestellt habe.
Das will ich gern erklären.
Entschuldige bitte, könntest du bitte den letzten Teil deiner Frage wiederholen?
Meinst du damit, ob/dass ...?
Tut mir leid, leider weiß ich nicht, ...
Wenn ich darüber nachdenke, dann ...

## Sprechen 2: Diskussion führen

Die Ausdrücke und Redemittel werden in der Du-Form angegeben. Wenn Sie Ihre Prüfungspartnerin / Ihren Prüfungspartner nicht kennen und sich unsicher sind, ob Sie sie / ihn duzen dürfen, dann sollten Sie besser siezen, also die Sie-Form wählen. Auch im Gespräch mit den Prüferinnen / Prüfern müssen Sie die Sie-Form verwenden, außer es wurde vorher etwas anderes vereinbart.

**Ein Gespräch beginnen**

Hast du schon gehört ...
Ich habe gehört, dass ...
Weißt du schon das Neueste?
Weißt du schon, dass ...

**Zustimmung ausdrücken**

Auch ich vertrete die Position, dass ...
Da hast du völlig recht.
Da kann ich dir nur recht geben, denn ...
Damit/Mit dieser Aussage bin ich (völlig) einverstanden.
Damit hast du sicher recht.
Das entspricht auch meiner Erfahrung.
Das ist auch meine Meinung, weil ...
Das kann ich nur bestätigen.
Das leuchtet mir ein.
Das sehe ich auch so.

Deine Argumente finde ich einleuchtend
Dem kann ich mich nur anschließen.
Dem kann ich nur zustimmen.
Der Meinung/Ansicht bin ich auch.
Ich bin der gleichen Meinung wie du.
Ich bin ganz deiner Meinung.
Ich stimme dir (völlig) zu.
Ich vertrete (auch) die Meinung/Ansicht/Position, dass ...

**Widerspruch ausdrücken**

Da habe ich Bedenken, weil ...
Da möchte ich widersprechen, weil ...
Da muss ich wirklich widersprechen, denn ...
Das finde ich nicht so gut, denn ...
Das finde ich nun gar nicht, weil ...
Das ist sicher richtig, allerdings ...
Das kann ich mir überhaupt nicht vorstellen, weil ...
Das sehe ich (etwas/ganz/völlig) anders, denn ...
Das stimmt zwar zum Teil, aber ...
Das überzeugt mich nicht, weil ...
Dazu habe ich eine andere Meinung.
Der Meinung bin ich auch, aber ...
Dieser Meinung kann ich nicht/nur teilweise zustimmen, weil ...
Es ist (ganz) sicher nicht so, dass ...
Ich bezweifle, dass ...
Ich bin mir nicht sicher, ob man wirklich sagen kann, dass ...
Ich bin nicht sicher, ob ...
Ich habe da andere Erfahrungen gemacht.
Ich habe da so meine Zweifel, denn ...
Ich kann mir nicht vorstellen, dass ...
Ich sehe das völlig anders.
In diesem Punkt bin ich völlig anderer Meinung, denn ...
In diesem Punkt habe ich eine (ganz) andere Meinung.
Man sollte aber bedenken, dass ...
Mir ist noch unklar, ob ...
... stimmt meiner Meinung nach nicht.
... überzeugt mich nicht/nicht ganz.
Zu dem Thema bin ich (ganz) anderer Meinung.

**Über Erfahrungen berichten**

Etwas Ähnliches habe ich auch einmal erlebt: ...
Damit habe ich selbst keine Erfahrungen gemacht, aber ich kann mir vorstellen, dass ...
Ich habe ähnliche Erfahrungen gemacht.
Ich habe die Erfahrung gemacht, dass ...
Ich habe festgestellt, dass ...
Ich habe gute/schlechte Erfahrungen mit ... gemacht.
Ich habe oft/noch nie erlebt, dass ...
Meine Erfahrungen zeigen mir, dass ...

**Beispiele nennen**

Das kann man zum Beispiel sagen, wenn ...
Das will ich mit ... verdeutlichen: ...
Dazu fällt mir folgendes Beispiel ein: ...
Ein (gutes/anschauliches) Beispiel dafür ist ...
Ein Beispiel dafür ist ....
Ein Beispiel, das man hier unbedingt anführen sollte, ist ...
Ich möchte folgendes Beispiel nennen: ...
Ich muss da an ... denken.
Ich will Ihnen das anhand ... verdeutlichen.
... kann ich am besten an einem Beispiel erläutern: ...
... zeigt sich daran, dass ...

**Probleme schildern**

Die Situation ist leider so, dass ...
Wir haben das Problem, dass ...
Wir müssen dafür sorgen, dass ...
Wir müssen etwas gegen ... tun.

**Vorschläge machen**

Am einfachsten wäre es doch, wenn ...
Eine (dauerhafte) Lösung wäre ...
Für die nächsten Tage / Kurzfristig wäre das eine Idee.
Ich finde, wir sollten ...
Ich schlage vor, dass wir ...
Könnten wir nicht ...?
Könntest du dir vorstellen, dass ...
Vielleicht könnten wir ...
Was hältst du davon, wenn ...

**Eine Einigung versuchen**

Bist du damit einverstanden, dass ...?
In diesem Punkt sind wir uns also einig.
Wir können doch festhalten, dass ...
Wir können uns vielleicht auf Folgendes einigen: ...
Wir sind also beide der Ansicht, dass ...
... ist ein guter Kompromiss.

**Das Gespräch steuern**

Aber du musst doch zugeben, dass ...
Da möchte ich kurz einhaken.
Da möchte ich dann doch meine Meinung etwas relativieren.
Das ist mir nicht ganz klar. Könntest du das noch einmal näher/an einem Beispiel erläutern?
Dazu möchte ich (noch) etwas ergänzen/sagen: ...
Dazu wüsste ich noch gern ...
Ergänzend dazu möchte ich sagen, dass ...
Glaubst du nicht, dass ...?
Ich kann dazu auch noch berichten, dass ....
Ich möchte gern noch einmal auf das zurückkommen, was du gerade gesagt hast.
Ich möchte noch einmal auf den Punkt/die Frage ... zurückkommen.
Ich möchte noch einmal nachfragen: Was verstehst du unter ...?
Ich muss vielleicht an einer Stelle korrigieren.
Ich verstehe deinen Einwand, möchte aber darauf hinweisen, dass ...
Könntest du bitte noch einmal erklären, ob/wie ...
Könntest du mir ein Beispiel dafür geben?
So kann man das natürlich auch sehen.
Wenn ich dich richtig verstanden habe, dann ...
Vielleicht habe ich mich nicht ganz eindeutig ausgedrückt.

**Das Wort übergeben**

Was denkst du über ...?
Was hältst du davon?
Was ist deine Meinung dazu?
Wie siehst du das?

# Lesen

## Lesen Teil 1

1 b, 2 d, 3 c, 4 d, 5 d, 6 b, 7 c, 8 a

> Die Begriffe zu den Erläuterungen der Satzverbindungen (Konnektoren) werden auf den Seiten 80–81 erklärt.

**Zu 0 b:** Die klassische Bürozeit hat *ausgedient* (b), das heißt, sie ist nicht mehr zeitgemäß, sie ist überholt, passt nicht mehr in unsere Zeit und ist nicht mehr sinnvoll. Was ausgedient hat, wird nicht mehr gebraucht und hat seinen Zweck erfüllt. Antwortoption b ist richtig, die anderen Optionen ergeben im Kontext keinen Sinn.

**Zu 1 b:** Im Berufsleben werden Aufgaben von den Beschäftigten nicht *erstellt* (c), sondern sie müssen *erledigt* (b) werden. In diesem Kontext geht es darum, dass die Arbeit gemacht wird, somit kommen auch die Verben *ergänzen* (a) oder *erzeugen* (d) nicht infrage. Folglich ist Antwortoption b richtig.

**Zu 2 d:** Es fehlt ein Konnektor, der die beiden Sätze miteinander verbindet. Syntaktisch passen *damit*, *obwohl* und *weil* (Subjunktor, Verb am Ende), aber nicht *denn* (Konjunktor). Inhaltlich geht es um eine Begründung (kausales Verhältnis): Grund für das ortsunabhängige Arbeiten sind die neuen Technologien, die uns die Möglichkeit eröffnen, ortsunabhängig zu arbeiten. Dieser Bedeutung entspricht *weil* (d); *damit* (a) drückt ein Ziel oder einen Zweck aus, *obwohl* (c) einen Widerspruch oder einen Gegensatz. Somit passt syntaktisch und inhaltlich nur *weil*. Antwortoption d ist deswegen richtig.

**Zu 3 c:** *Im Hinblick auf* ist eine feste Wendung, die einen Bezug ausdrückt. Bei den Optionen a, b und d handelt es sich nicht um korrekte Kombinationen bzw. Wendungen. Antwortoption c ist hier also korrekt.

**Zu 4 d:** Das Verb im Satz nach der Lücke ist *sich etwas versprechen* mit der festen Präposition *von*. Deshalb passt nur *Davon*, das als sogenanntes Pronominaladverb (da- + Präposition) den Satz vor der Lücke mit dem Satz danach verbindet: Vom Erkennen eines tieferen Sinns der eigenen Arbeit und von der Möglichkeit, „Leben und Arbeit nach individueller Vorstellung zu gestalten" *(= davon)*, „verspricht man sich eine wachsende Loyalität zum Unternehmen, eine emotionale Bindung und intrinsische Motivation". Auch die Optionen a, b und c enthalten mit *für*, *gegen* und *nach* keine passenden Präpositionen für das Verb „sich etwas versprechen" und kommen als richtige Lösung deshalb nicht infrage.

**Zu 5 d:** Hier fehlt ein Konnektor zwischen dem Hauptsatz und dem Infinitivsatz. Syntaktisch passen *sowie* und *um*. *Für* (Option b) ist eine Präposition und scheidet als Lösung aus. Die „inspirierende Führung" des Hauptsatzes hat zum Ziel, „Mitarbeiter zu Höchstleistungen zu bewegen". Dieses Ziel (finales Verhältnis) wird im Infinitivsatz genannt. Option c ist nicht möglich, weil *sowie* Glieder einer Aufzählung miteinander verbindet und keine finale Bedeutung hat. Option a (*damit*) beschreibt zwar ein finales Verhältnis, leitet aber keinen Infinitivsatz ein. Es kommt hier also nur *um* (d) als Lösung infrage.

**Zu 6 b:** Es geht hier um die Arbeitsleistung der Mitarbeitenden, die von den Führungskräften (= „sie") bewertet wird. In Lücke 6 fehlt demnach ein Pronomen im Genitiv, das sich auf die Mitarbeitenden bezieht. Option a (*denen*) ist Dativ Plural und deshalb nicht möglich; *dessen* (c) und *seine* (d) sind Singular, es handelt sich aber um mehrere Mitarbeitende. Nur *deren* (b) erfüllt die Bedingungen (Plural und Genitiv) und ist deshalb richtig.

**Zu 7 c:** In Lücke 7 fehlt ein Konnektor. Syntaktisch passen alle Lösungsoptionen. Inhaltlich geht es darum, dass das, was im vorhergehenden Satz beschrieben wird, eingeschränkt wird: Zwar bietet „New Work" viele Vorteile, ist aber trotzdem nicht für jeden geeignet. Nur Option c bietet mit *dennoch* einen Konnektor, der diese konzessive Bedeutung abbildet, und ist deshalb die passende Lösung. Die anderen Optionen scheiden aus: *Daher* (a) drückt ein kausales Verhältnis aus, *dazu* (b) ein finales. *Entsprechend* (d) passt nicht, weil sich die Inhalte der beiden Sätze nicht entsprechen.

**Zu 8 a:** Um Ergebnisse einer Studie als zuverlässig einzustufen, bedarf es plausibler und verifizierbarer Belege oder Beweise. Die Studie *belegt* (a) also eine Hypothese. Option a ist hier richtig. *Bezeugen* (b) hingegen bedeutet, die Wahrheit einer Sache durch eine Aussage zu bekräftigen, zumeist durch eine Zeugin oder einen Zeugen. Die Optionen c und d ergeben im Kontext keinen Sinn und können ausgeschlossen werden.

## Lesen Teil 2

9 b, 10 c, 11 b, 12 c, 13 c, 14 b, 15 b

**Zu 9 b:** Im ersten Abschnitt des Textes wird nicht explizit gesagt, dass den Verbraucherinnen und Verbrauchern der Zusammenhang zwischen umweltfreundlicher Produktion und höherem Preis klar ist. Antwortoption a ist deshalb falsch. Auch Option c ist nicht korrekt, weil deutlich formuliert wird, dass viele ihr Verbraucherverhalten ändern und wie sie das tun möchten: Immer mehr Menschen achten beim Einkaufen auf Nachhaltigkeit. Zweimal wird sogar erwähnt, dass Verbraucherinnen und Verbraucher bereit sind, für nachhaltig produzierte bzw. umweltfreundliche Produkte mehr zu bezahlen. Preissteigerungen im Hinblick auf Nachhaltigkeit werden also von immer mehr Menschen akzeptiert. Deswegen ist Antwortoption b richtig.

**Zu 10 c:** Laut Text ist es das umweltfreundliche Engagement von Unternehmen, das für eine stärkere Kundenbindung sorgt, und nicht „Greenwashing". Deshalb ist Antwortoption a nicht korrekt. Option b ist nicht richtig, weil Produkte durch Greenwashing lediglich umweltfreundlicher dargestellt werden, aber in Wirklichkeit nicht umweltfreundlicher werden. Durch Greenwashing soll jedoch der Eindruck von größerer

Umweltfreundlichkeit entstehen, als sie in der Realität besteht. Deshalb ist Option c korrekt.

**Zu 11 b:** Option a ist nicht richtig, denn es geht beim Greenwashing gerade um nicht anerkannte bzw. nicht autorisierte Zertifikate, die zwar umweltfreundlich aussehen, aber keine Garantie für Umweltfreundlichkeit darstellen. Auch Option c ist nicht korrekt, da beim Greenwashing nicht die Natürlichkeit von Stoffen falsch dargestellt wird, sondern Inhaltsstoffe mit dem inhaltsleeren Begriff „natürlich" bezeichnet werden. Damit wird vorgetäuscht, dass diese Stoffe umweltverträglich sind. Im Text wird aber ausgesagt, dass Lügen über die Umweltleistungen zwar selten sind, aber vorkommen. Aus diesem Grund ist hier Antwortoption b richtig.

**Zu 12 c:** Wenn Unternehmen die eigenen Unternehmensziele kommunizieren, dann wird laut Text zwar häufig betont, wie wichtig Nachhaltigkeit und Umweltschutz sind, aber bei dieser Betonung bleibt es dann und es folgen keine konkreten Umsetzungsmaßnahmen. Da Antwortoption a genau das Gegenteil aussagt, ist diese Option falsch. Auch Option b ist falsch: Zwar werden hauseigene Publikationen, in denen Umweltschutzziele formuliert werden, erwähnt, aber es wird nicht gesagt, dass Unternehmen zur Kommunikation von Umweltzielen auf Publikationen zurückgreifen, die im eigenen Haus produziert werden. Im Text wird jedoch beschrieben, dass „gesetzliche Vorgaben", also externe Umweltstandards, als eigene Initiative und damit als eigene Idee dargestellt werden.

**Zu 13 c:** Die Antwortoptionen a und b nehmen zwar mit „Wissenschaftlerinnen und Wissenschaftler" bzw. mit dem Begriff „Forschung" Bezug auf die im Text erwähnten „Gutachten von Forscherinnen und Forschern", die für ein „versteckteres Greenwashing" genutzt werden. Es wird jedoch weder erwähnt, dass die Marketing-Abteilungen Wissenschaftlerinnen und Wissenschaftler akquiriert, noch wird behauptet, dass die Forschung dabei hilft, Umweltstandards zu überprüfen. Die beiden Optionen a und b sind also falsch. Dass Influencer für Produkte werben, steht im Text, sodass Antwortoption c richtig ist.

**Zu 14 b:** Für Imageauftritte von Unternehmen werden Bilder ausgewählt, die Assoziationen von Naturschutz und Umweltfreundlichkeit hervorrufen und dadurch „eine grüne Atmosphäre" entstehen lassen. Bei den Verbraucherinnen und Verbrauchern entsteht dadurch der Eindruck, dass das Unternehmen umweltbewusst arbeitet: „Dem Rezipienten" wird „ein Umweltbewusstsein" suggeriert. Einem Unternehmen ist es auf diese Weise möglich, durch Bilder Umweltfreundlichkeit vorzutäuschen, ohne tatsächlich umweltfreundlich zu sein. Antwortoption b ist demnach richtig. Durch die Verwendung von Bildern ist es möglich, dass sich Unternehmen als umweltfreundlich präsentieren, ohne falsche Behauptungen aufstellen zu müssen. Dass Bilder Behauptungen über Greenwashing unterstützen sollen, wird jedoch nicht gesagt. Deswegen ist Option a falsch. Auch Antwortoption c ist nicht richtig: Dass die Unternehmen, die mit Bildern ein umweltfreundliches Image aufbauen, Umweltsünden begangen haben und mit Bildern davon ablenken möchten, steht nicht im Text.

**Zu 15 b:** Im Text wird nur von der Möglichkeit einer Änderung des Umweltverhaltens in der Firma gesprochen. Deswegen ist Antwortoption a nicht korrekt. Zu Option c wird nichts im Text gesagt. Es wird lediglich darauf hingewiesen, dass Formen des Greenwashing in interner Unternehmenskommunikation gefunden werden können, aber es wird nicht erwähnt, dass die Ankündigung ökologischer Ziele mittels firmeninterner Publikationen erfolgt. Deswegen ist auch Option c falsch. Da im Text die Möglichkeit, mit der Ankündigung ökologischer Ziele den Weg ihrer Umsetzung (Realisierung) zu ebnen und damit vorzubereiten, thematisiert wird, ist Option b die richtige Lösung.

## Lesen Teil 3

16 b, 17 h, 18 f, 19 i, 20 e, 21 c, 22 j, 23 a
nicht zuzuordnen: d, g

**Zu 0:** In diesem einleitenden Absatz soll eine Verbindung zu den Leserinnen und Lesern hergestellt werden. Zunächst werden sie mit „Sie" angesprochen. Der zweite Teil wechselt dann zum „wir". Die Frage in Satz 0 schließt sich zum einen logisch an die vor Lücke 0 gestellte Frage an und markiert dabei den Übergang vom „Sie" zum „wir". Zum anderen greift die in 0 gestellte Frage auch das Rätsel der Überschrift auf: Was hat Haßloch mit uns allen zu tun? Wie kann es sein, dass wir alle Bürger von Haßloch sind? Satz 0 passt deswegen am besten in Lücke 0.

**Zu 16 b:** Im Satz vor Lücke 16 wird erwähnt, dass die Gemeinde Haßloch zwar heutzutage nicht mehr besonders ist, aber früher besonders war. Antwortoption b bietet für diese Besonderheit eine Begründung, die mit „denn" eingeleitet wird: Haßloch war das Musterdorf der Marktforschung in Deutschland. Im Satz nach Lücke 16 wird erklärt, was das konkret bedeutet. Außerdem wird mit „zwischen 1986 und 2021" der Zeitraum angegeben, in dem Haßloch als Musterdorf diente. Es wird klar, dass Haßloch diese Rolle heute nicht mehr hat. Dadurch wird Antwortoption d, die sich auf den ersten Blick auch als Lösung anbietet, ausgeschlossen. Denn die Angabe „seit 35 Jahren" würde bedeuten, dass Haßloch noch immer als Musterdorf fungiert. Demnach ist hier Satz b die richtige Lösung.

**Zu 17 h:** Im Textabschnitt um Lücke 17 wird erklärt, warum sich die Gemeinde Haßloch so gut als Musterdorf der Marktforschung eignet. In den beiden Sätzen vor Lücke 17 geht es um die Haßlocher Bevölkerungsstruktur, die im Hinblick auf Altersstruktur und soziale Schichtung sowie Einkommen und Konsumverhalten den deutschen Durchschnitt sehr gut widerspiegelt. Man kann annehmen, dass auch der fehlende Satz der Erklärung einen weiteren Aspekt hinzufügt. Im Satz nach der Lücke ist von zwei Bereichen die Rede, die der Ort Haßloch abdeckt. Da der Satz nach der Lücke mit „damit" an den fehlenden Satz angeschlossen wird, ist davon auszugehen, dass die Lösung zwei Aspekte beinhaltet. Dies ist nur bei Antwortoption h der Fall, in der festgestellt wird, dass der Ort eine Position zwischen Dorf und Stadt („zwischen einer rein dörflichen und rein städtischen Siedlung") einnimmt und damit wiederum die durchschnittlichen Verhältnisse in Deutschland abbildet. Deswegen passt Satz h in Lücke 17.

**Zu 18 f:** In den beiden Sätzen vor Lücke 18 werden zwei Maßnahmen genannt, die im Hinblick auf Konsum und Werbung „extra für die Konsumentinnen und Konsumenten" in Haßloch unternommen wurden. Antwortoption f greift dies auf und schlussfolgert, dass die Haßlocher Bevölkerung durch diese Maßnahmen „ihre eigene bunte Konsumwelt" bekam. Das Adverb „also" in Satz f stellt als ein Wort, das eine Schlussfolgerung markiert, die Verbindung zu dem her, was zuvor gesagt wurde. Indirekt wird auch in dem Satz nach Lücke 18 auf diese eigene Konsumwelt der Haßlocher Bevölkerung Bezug genommen: Produkte, die sich in der Konsumwelt des Musterdorfs nicht verkaufen ließen, fanden keinen Weg in die Konsumwelt des restlichen Landes. Satz f ist deshalb die Lösung für Lücke 18.

**Zu 19 i:** In den beiden Sätzen nach Lücke 19 werden mit „zum einen" und „zum anderen" zwei Gesichtspunkte, die zu einer Angelegenheit gehören müssen, eingeleitet. Es handelt sich um zwei Argumente, die sich gegen die im Satz vor der Lücke postulierten „erste(n) Bedenken" richten. Der fehlende Satz muss eine Verbindung zwischen diesen Bedenken und den beiden Gegenargumenten herstellen. Antwortoption i nennt „zwei Argumente", die in den beiden folgenden Sätzen konkretisiert werden. Mit dem einleitenden „dagegen" wird auf den Satz vor der Lücke verwiesen und es wird deutlich gemacht, dass es sich im Folgenden um Gegenargumente handelt. Daher ist Satz i die passende Ergänzung für Lücke 19.

**Zu 20 e:** Die Verwendung von „dieser Karte" im Satz nach Lücke 20 verweist auf den Satz vor der Lücke, in dem erklärt wird, dass Einwohnerinnen und Einwohner von Haßloch „für eine genauere Untersuchung des Kaufverhaltens" mit einer speziellen Karte ausgestattet wurden. Dies macht es notwendig, dass es auch im fehlenden Satz um die Karte geht und beispielsweise die Funktionsweise der Karte näher erläutert wird. Antwortoption e bezieht sich mit „damit" auf die Karte und erklärt genauer, was die im Satz vor der Lücke erwähnte „Untersuchung des Kaufverhaltens" bedeutet. Man konnte mit der Karte die Einkäufe („Warenkörbe") einzelner Haushalte exakt analysieren. Folglich passt Satz e als Ergänzung für Lücke 20.

**Zu 21 c:** Im Satz vor Lücke 21 wird festgestellt, dass Haßloch für die Gesellschaft für Konsumforschung nicht mehr existiert. Antwortoption c liefert dafür eine Erklärung: Die Gemeinde besteht selbstverständlich fort, aber Ende 2021 hat man „das Musterdorf geschlossen". Es wird also keine Konsumforschung mehr in Haßloch betrieben. Im Satz nach Lücke 21 wird mit „denn" die Begründung eingeleitet, warum man Haßloch nicht mehr als Musterdorf nutzt, womit Satz c als Lösung für Lücke 21 bestätigt wird.

**Zu 22 j:** Im Satz vor Lücke 22 wird auf den technischen Fortschritt hingewiesen, ohne den die neue, digitale Form der Konsumforschung nicht möglich wäre. Antwortoption j liefert eine weitere Grundlage der digitalen Konsumforschung, ohne die die neue Konsumforschung noch viel weniger möglich wäre, die also sogar noch wichtiger als der technische Fortschritt ist: die „Mitarbeit" der Konsumentinnen und Konsumenten. Im Satz nach Lücke 22 wird mit verschiedenen Beispielen für diese Mitarbeit der Menschen eine Begründung geliefert. Diese wird mit „nämlich" mit dem vorausgehenden Satz verknüpft. Damit ist Satz j als Lösung für Lücke 22 bestätigt.

**Zu 23 a:** In Antwortoption a wird mithilfe von „jedoch", das Bezug auf die Sätze vor Lücke 23 nimmt, ein Gegensatz zwischen der Vergangenheit und heute hergestellt: Die manipulativen Aspekte der heutigen Konsumforschung, die dann in den Sätzen nach der Lücke konkretisiert werden, werden den positiven Aspekten der Konsumforschung in Haßloch gegenübergestellt. Satz a ist demnach eine passende Ergänzung für Lücke 23.

**Zu d:** Antwortoption d bietet sich auf den ersten Blick als Lösung für 16 an. Allerdings würden die Verwendung des Präsens sowie die Angabe „seit 35 Jahren" bedeuten, dass Haßloch noch immer als Musterdorf fungiert. Im Folgesatz wird jedoch darauf hingewiesen, dass Haßloch zwar 35 Jahre lang als Musterdorf diente, aber dies von 1986 bis 2021. Später im Text wird geklärt, dass die Konsumforschung in Haßloch im Jahr 2021 beendet wurde. Deswegen passt Satz d nicht als Ergänzung für Lücke 16, kann aber auch keiner anderen Lücke zugeordnet werden.

**Zu g:** Antwortoption g verweist auf den technischen Fortschritt, von dem auch in den beiden Sätzen vor Lücke 22 die Rede ist. Allerdings bietet das begründende „nämlich" des nachfolgenden Satzes, in dem individuelles Konsumverhalten beschrieben wird, keine sinnvolle Verbindung mit Satz g. Dies schließt Satz g als Lösungsmöglichkeit aus.

## Lesen Teil 4

24 a, 25 0, 26 c, 27 c, 28 0, 29 a, 30 b

**Zu 0 a:** Heidrun Wargau geht nicht davon aus, „dass Roboter den Menschen in vielen Berufen komplett ersetzen", ist also überzeugt, dass Maschinen den Menschen nicht in vielen Berufen überflüssig machen. Die Aussage des Beispiels 0 kann folglich Text a zugordnet werden.

**Zu 24 a:** Heidrun Wargau ist sich zwar sicher, dass der Einsatz von KI dazu führen wird, dass es manche Arbeitsplätze nicht mehr geben wird. Aber gleichzeitig betont sie, dass „genauso viele neue Arbeitsplätze entstehen wie andere wegfallen". Text a ist demnach der passende Text für Aussage 24.

**Zu 25 0:** In Text b steht zwar, dass es Arbeitsbereiche gibt, die Maschinen nicht so gut wie Menschen können. Aber es wird auch festgestellt, dass Maschinen in bestimmten Bereichen genauer und effizienter als Menschen arbeiten. Aussage 25 stimmt also nicht mit Text b überein, kann aber auch keinem anderen Text zugeordnet werden.

**Zu 26 c:** Marlene-Sophie Zhang schreibt vom riesigen Potenzial der KI und bedauert, dass „dieses Potenzial meist noch nicht ausgeschöpft", also nicht in vollem Umfang genutzt werde. Deswegen passt Aussage 26 zu Text c.

**Zu 27 c:** Marlene-Sophie Zhang erkennt zwei Befürchtungen im Zusammenhang mit dem Einsatz von KI. Zum einen hätten die Menschen Angst um ihre Arbeitsplätze. Zum anderen wird auch die Angst vor dem Kontrollverlust thematisiert: Viele Menschen seien „besorgt, dass sich autonome KI-Systeme dem menschlichen Zugriff entziehen" und die Menschen die Kontrolle über diese Systeme verlieren können. Zwar ist auch in Text b die Rede von „Angst", aber es gibt keinen Hinweis auf den befürchteten Kontrollverlust. Folglich passt Aussage 27 zu Text c.

**Zu 28 0:** Von Arbeitserleichterung spricht zwar Heidrun Wargau in Text a. Allerdings definiert sie diese nicht als Hauptziel des Einsatzes von KI. In Text c wird von „Entlastung der Mitarbeiterinnen und Mitarbeiter" geschrieben. Aber auch hier stellt diese Entlastung nicht das zentrale Ziel des Einsatzes von KI dar. Vielmehr bedauert Marlene-Sophie Zhang, dass KI heutzutage meist nur zur Entlastung eingesetzt werde und die eigentlichen Möglichkeiten, die der Einsatz von KI bietet, nicht genutzt würden. Da sich in Text b kein Hinweis zum Thema Arbeitserleichterung findet, ist Aussage 28 keinem der drei Texte zuzuordnen.

**Zu 29 a:** Heidrun Wargau ist überzeugt, dass KI-Systeme den Menschen nicht die Arbeitsplätze wegnehmen werden, sondern „uns die Arbeit erleichtern", den Menschen also bei der Arbeit entlasten. Auch in Text c ist zwar von „Entlastung der Mitarbeiterinnen und Mitarbeiter" die Rede. Allerdings bedauert Marlene-Sophie Zhang, dass KI heutzutage meist nur zur Entlastung eingesetzt werde und die eigentlichen Möglichkeiten, die der Einsatz von KI bietet, nicht genutzt würden. Während für Marlene-Sophie Zhang die Entlastung durch KI bereits heute sichtbar ist, bezieht sich Heidrun Wargaus Meinung auf die Zukunft und passt deshalb besser zur Aussage 29, die ebenfalls eine zukünftige Perspektive beinhaltet („werden KI-gestützte Systeme uns die Arbeit erleichtern"). Folglich ist hier Text a die richtige Lösung.

**Zu 30 b:** Thorsten Hellarts erkennt in der Kombination („verknüpfen") der „spezifischen Kompetenzen der Mitarbeiterinnen und Mitarbeiter mit den Potenzialen von Künstlicher Intelligenz" ein wichtiges unternehmerisches Ziel. Deswegen ist Text b die richtige Lösung für Aussage 30.

## Hören

### Hören Teil 1

1 c, 2 b, 3 c, 4 a, 5 c, 6 a

**Zu 0 b:** Podcast 2 wird explizit als „persönliches und sehr intimes Hör-Reisetagebuch des [...] Naturpilgers Reinmar Wegorst" vorgestellt. Es geht also in Podcast 2 nur um die Perspektive von Reinmar Wegorst. Dagegen wird im Text zu Podcast 1 die Vielzahl der Stimmen des Podcasts betont: Er bietet viele „Beiträge" und viele verschiedene „Schilderungen der alltäglichen Schönheit dieser Atolle durch ihre Bewohner und Bewohnerinnen". In Podcast 3 gibt es keine Informationen über die Sprecherinnen und Sprecher bzw. die dargestellte Perspektive. Aus diesen Gründen passt hier Podcast 2.

**Zu 1 c:** Im Text zu Podcast 3 gibt es zwei Hinweise darauf, dass sich der Podcast mit Alltagsgeschichte beschäftigt. Zum einen geht es laut Text in Podcast 3 um einen „neuen Blick auf die Geschichte des ausgehenden 19. und des 20. Jahrhunderts jenseits von Kriegen und großen Daten". Außerdem wird angekündigt, dass die Hörerinnen und Hörer ein „Einblick in die europäische Verfasstheit" im Zusammenhang mit der Rolle, die der Urlaub für die Menschen spielt („Drang zu einem gelungenen und prestigereichen Urlaub"), erwartet. Mit dem Thema Urlaub wird also ein Aspekt der europäischen Alltagsgeschichte präsentiert, nicht die allgemeine Geschichte von „Kriegen und großen Daten". In den Texten zu den Podcasts 1 und 2 gibt es keine historischen Bezüge. Deshalb passt zu dieser Aussage Podcast 3.

**Zu 2 b:** Im Text zu Podcast 2 wird die überwältigende und gleichgültige Kraft der Natur zweimal thematisiert. Zum einen wird erwähnt, dass der Podcast „eine eindrückliche und zeitweise durchaus beklemmende Schilderung der überwältigenden Macht und auch Schönheit der Natur und der Elemente" bietet. Zum anderen wird vom „Respekt vor der rohen Gleichgültigkeit der Natur" gesprochen. Das entspricht der Aussage, dass der Mensch sich gegenüber der Macht der Natur bedeutungslos fühlt, und deswegen passt hier Podcast 2.

**Zu 3 c:** Im Text zu Podcast 3 wird von der „Geschichte einzelner Traumziele" gesprochen. Zwar wird auch im Text zu Podcast 1 der Begriff „Traumziel" erwähnt, aber es wird dort zum einen verneint, dass es dem Podcast darum geht, ein mögliches Ziel für den nächsten Urlaub zu bewerben: Der Podcast 1 sei „keineswegs ein Hör-Reiseprospekt für ein Traumziel". Zum anderen geht es im Podcast 1 nicht um die Geschichte verschiedener Traumziele. Folglich passt Podcast 3 zu dieser Aussage.

**Zu 4 a:** Im Text zu Podcast 1 wird zweimal auf die Vielzahl der Stimmen eingegangen: Es wird von „vielen Beiträgen" und von „vielen verschiedenen Schilderungen der alltäglichen Schönheit dieser

Atolle durch ihre Bewohner und Bewohnerinnen" gesprochen. Dagegen wird Podcast 2 explizit als „persönliches und sehr intimes Hör-Reisetagebuch des [...] Naturpilgers Reinmar Wegorst" eingeführt – eine Vielzahl von Stimmen ist hier nicht zu erwarten und im Beitrag zu Podcast 3 gibt es keinerlei Information über die Sprecherinnen und Sprecher. Aus diesen Gründen passt hier Podcast 1.

**Zu 5 c:** Im Text zu Podcast 3 werden „Probleme des Massentourismus" erwähnt und damit die Auswirkungen des Breitentourismus. In den beiden anderen Texten wird dazu nichts gesagt. Deshalb passt Podcast 3 zu dieser Aussage.

**Zu 6 a:** Im Text zu Podcast 1 geht es ausdrücklich um ein konkretes Traumziel, das als „Sehnsuchtsort" und als „eines der letzten Paradiese dieser Welt" bezeichnet wird, wenn auch im Text verneint wird, dass der Podcast einen „Hör-Reiseprospekt" für dieses Traumziel darstellt. Weitere Hinweise liefern in der Aufgabe die „vielen Blickwinkel" („aus vielen Beiträgen") sowie die „Zerbrechlichkeit der Welt" („bedrohte, fragile Welt"). Podcast 1 passt somit zu dieser Aussage.

## Hören Teil 2

7 a, 8 a, 9 c, 10 b, 11 a, 12 b, 13 a, 14 a, 15 c

**Zu 7 a:** Dr. Frentzen sagt, die Frage lasse sich nicht mit einem eindeutigen Ja oder Nein beantworten, da es für beide Seiten plausible Argumente gebe. Die Aussage stimmt also.

**Zu 8 a:** Dr. Frentzen spricht zunächst allgemein von „juristischen Hürden", konkretisiert dies aber dann mit den „hohen Hürden" des Grundgesetzes, die von den Verfasserinnen und Verfassern des Grundgesetzes („Mütter und Väter des Grundgesetzes") aus guten Gründen festgelegt wurden. Die Aussage ist demnach korrekt.

**Zu 9 c:** Dr. Frentzen weist darauf hin, dass eine Änderung des Grundgesetzes zugunsten eines obligatorischen sozialen Jahres möglich sei. Allerdings wird nichts zu der Aussage gesagt, dass der Gesetzgeber das Grundgesetz in Kürze ändern möchte.

**Zu 10 b:** Der Moderator sagt, dass die Abschaffung der allgemeinen Wehrpflicht im Jahr 2011 inzwischen von der Politik als Fehlentscheidung angesehen wird. Er scheint zwar mit dieser Ansicht zu sympathisieren, stellt aber lediglich die Frage, ob vielleicht jetzt der richtige Zeitpunkt sei, diese Entscheidung zu revidieren, indem man ein obligatorisches soziales Jahr einführt. Die Aussage ist also falsch.

**Zu 11 a:** Dr. Frentzen betont, dass es grundsätzlich nichts gegen einen verpflichtenden Einsatz einzuwenden gebe, aber dass er sehr gut begründet sein muss. Folglich stimmt die Aussage.

**Zu 12 b:** Dr. Frentzen nennt nicht alle Berufsgruppen, sondern sie spricht von den Menschen, die das Ziel haben, einen Beruf zu ergreifen, bei dem sie mit Menschen arbeiten, und nennt dafür Beispiele: „Das könnten Lehrer, Mediziner oder Sozialpädagogen sein". Die Aussage stimmt also nicht.

**Zu 13 a:** Dr. Frentzen sagt, dass ein Pflichtjahr sozialen Zusammenhalt „sogar innerhalb Europas" stärken könne, wenn das Ableisten eines Pflichtjahres auch in anderen europäischen Ländern möglich gemacht werden sollte. Demnach ist die Aussage richtig.

**Zu 14 a:** Dr. Frentzen weist darauf hin, dass viele der 17- oder 18-Jährigen noch nicht wüssten, welchen Beruf sie ergreifen sollen. Ein soziales Jahr sei in diesem Zusammenhang „hilfreich", also eine Möglichkeit der Orientierung. Folglich ist die Aussage richtig.

**Zu 15 c:** Dr. Frentzen sagt nichts über Menschen mit Behinderung, die sich für ihre Arbeit interessieren oder hochmotiviert sind. Sie erwähnt lediglich den Bedarf an hochmotivierten Menschen, die in Kindergärten, Pflegeheimen oder Einrichtungen für Menschen mit Behinderung arbeiten. Zu der Aussage wird also nichts gesagt.

## Hören Teil 3

16 a, 17 b, 18 a, 19 a, 20 a, 21 c, 22 a, 23 a

**Zu 16 a:** Frau Ebner-Perotti nennt mit dem Transportwesen und dem Gesundheitswesen zwei Bereiche, in denen bereits heute Fachkräftemangel herrscht („Nicht nur im Transport- oder im Gesundheitswesen zeigt sich bereits ein deutlicher Mangel an Fachkräften; [...]"). Demnach steht durch diesen Mangel an Fachkräften auch im Gesundheitswesen zu wenig Personal zur Verfügung und Antwortoption a ist richtig. Option b kommt nicht infrage, denn es wird zwar von einem drohenden Mangel an Lastwagenfahrern geredet, nicht aber von einem Mangel an zu liefernden Waren. Auch Antwortoption c ist nicht möglich, weil zwar vom Moderator gefragt wird, ob demnächst Regale im Supermarkt leer bleiben könnten, aber von einer Schließung von Supermärkten ist im Text nicht die Rede.

**Zu 17 b:** Nicht Herr Osterholz beklagt den Mangel an Fachkräften mit Schwerpunkt Naturwissenschaften, sondern Vertreterinnen und Vertreter der Wirtschaft. Antwortoption a ist folglich nicht korrekt. Auch Option c ist nicht richtig: Herr Osterholz sieht zwar auch Probleme bei den Ausbildungsberufen, erkennt aber das größte Problem im akademischen Bereich. Herr Osterholz weist auf die Klage der Unternehmen bezüglich des Mangels an Fachkräften hin, er erwähnt also die Klage der Unternehmen über fehlende Fachkräfte im MINT-Bereich, sodass Option b die richtige Lösung ist.

**Zu 18 a:** Herr Osterholz sagt, auch die zunehmende Zahl von Studierenden naturwissenschaftlicher Fächer könne den demografischen Wandel nicht kompensieren und damit den Mangel nicht schnell ausgleichen. Deshalb ist Antwortoption a korrekt. Darüber, dass Studierende der MINT-Fächer die Aufgaben der älteren Arbeitskräfte schnell übernehmen können, wird nichts gesagt. Das Gegenteil ist richtig: Herr Osterholz sagt, dass es Zeit brauche, bis die Studierenden ins aktive Berufsleben eintreten können. Deshalb ist Option b falsch. Option c ist ebenfalls nicht richtig: Von Unterstützung der Fachkräfte bereits während des Studiums wird nicht gesprochen.

**Zu 19 a:** Frau Ebner-Perotti berichtet von Politikern, die der Meinung sind, das Problem des Fachkräftemangels könne durch Zuwanderung gelöst werden. Sie selbst spricht sich zwar nicht explizit gegen die Entscheidungen der Politik aus, aber sie sieht sie mit einer gewissen Skepsis. Sie sagt, dass Zuwanderung kein „Allheilmittel" sein könne und als Maßnahme nicht ausreichen werde. Deshalb sind sowohl Antwortoption b als auch Antwortoption c nicht korrekt. Für Frau Ebner-Perotti gibt es kein „Patentrezept", also nicht nur eine richtige Lösung. Antwortoption a ist demnach richtig.

**Zu 20 a:** Herr Osterholz betont, dass ausreichende Sprachkenntnisse eine „zwingende Voraussetzung" darstellen und der Spracherwerb zeitaufwendig („langwieriger Prozess") ist. Antwortoption a ist folglich die richtige Lösung. Option b ist falsch. Herr Osterholz möchte nämlich keine Sprachbarrieren für die Einreise aufbauen: Dass man nur mit ausreichenden Sprachkenntnissen einreisen darf, sagt er nicht. Auch Option c ist nicht möglich: Für Herrn Osterholz ist zwar die Zuwanderung eine mögliche Lösung, allerdings ist diese Lösung für ihn nicht unproblematisch. Denn die Zuwanderung sei eine „langfristige Aufgabe", da es Sprachbarrieren gebe und die Zuwandererinnen und Zuwanderer zunächst Deutsch lernen müssten.

**Zu 21 c:** Frau Ebner-Perotti erkennt ein Problem im sogenannten „Braindrain", also der Abwanderung von qualifizierten Arbeitskräften aus ihren Heimatländern, in denen dann Fachkräfte fehlen, und sagt, sie sehe es „kritisch, wenn die jungen Arbeitskräfte abwandern". Antwortoption c ist demnach korrekt. Frau Ebner-Perotti sagt nichts darüber, dass die Löhne durch billige Arbeitskräfte sinken könnten. Sie spricht jedoch von einem Lohngefälle und meint damit den Unterschied zwischen den (höheren) Löhnen in Deutschland und den (niedrigeren) Löhnen in den Herkunftsländern. Sie schätzt, dass nur wenige junge Arbeitskräfte, die aus ihren Heimatländern abgewandert sind, dorthin zurückkehren, wenn sie dort weniger verdienen als in Deutschland. Damit fällt Option a als Lösung weg. Auch Antwortoption b ist falsch. Denn Frau Ebner-Perotti fordert nicht, die Anwerbung junger, gut ausgebildeter Menschen zu stoppen. Sie erwähnt nur, dass es Länder gibt, die ein Anwerbeverbot ausgesprochen haben.

**Zu 22 a:** Herr Osterholz erwähnt bezüglich Südeuropa nur, dass dort die Lohnkosten niedriger seien als in Deutschland. Von einem Streit mit südeuropäischen Ländern ist nicht die Rede. Daher ist Antwortoption b nicht richtig. Option c ist als Lösung auch nicht möglich: Herr Osterholz warnt keineswegs vor zu hohen Qualitätsstandards. Ganz im Gegenteil: Er hält es für wichtig, an den Qualitätsstandards festzuhalten, und betont, dass es in diesem Zusammenhang nicht möglich sei, die Lohnkosten unbegrenzt zu erhöhen. Er warnt also vor steigenden Lohnkosten, weshalb Antwortoption a richtig ist.

**Zu 23 a:** Frau Ebner-Perotti ist überzeugt, dass gute Sozialleistungen – z. B. eine betrieblich geförderte Kinderbetreuung – ebenso wichtig sind wie eine angemessene Bezahlung. Antwortoption a ist demnach korrekt. Ihre Meinung beruht auf aktuellen Forschungen, durch die die große Bedeutung von Familie und Beruf nachgewiesen wurde. Frau Ebner-Perotti sagt aber nicht, dass sie sich weitere Forschungen zur Vereinbarkeit von Familie und Beruf wünscht. Deswegen ist Antwortoption b nicht richtig. Auch Antwortoption c kommt nicht infrage, weil es Frau Ebner-Perotti nicht um eine kostenlose Betreuung der Kinder von Mitarbeiterinnen und Mitarbeitern in einem Betrieb geht, sondern um eine Unterstützung der Betriebe bei der Kinderbetreuung („betrieblich geförderte Kinderbetreuung").

## Hören Teil 4

24 c, 25 b, 26 a, 27 c, 28 b, 29 c, 30 c

**24 c:** Im Vortrag wird zwar erwähnt, dass die Pocken die Menschheit als eine gefährliche Krankheit begleitet haben, aber es wird nicht gesagt, dass sie das so lange tun, wie die Menschheit existiert. Lediglich von „Jahrtausenden" ist die Rede. Antwortoption a ist deshalb falsch. Auch Option b ist nicht richtig: Zu einer jahrhundertelangen Erforschung der Pocken wird nichts gesagt. Es wird lediglich erwähnt, dass Maßnahmen zum Schutz vor den Pocken schon lange bekannt sind. Hingewiesen wird in diesem Zusammenhang darauf, dass bereits im 16. Jahrhundert in China zum Schutz vor den Pocken so etwas wie eine Impfung praktiziert wurde, nämlich die als Variolation bezeichnete vorbeugende Ansteckung mit kleinen Virenmengen. Antwortoption c ist demnach korrekt.

**25 b:** Im Vortrag wird von einer „zweite(n) – ungefährlichere(n) – Art der Immunisierung" gesprochen, nicht aber von einem zweifachen Impfschutz. Deshalb ist Option a nicht richtig. Auch auszuschließen ist Option c. Laut Text hat man bereits im späten 18. Jahrhundert herausgefunden, dass eine Infektion durch die nicht so gefährlichen Kuhpocken vor einer Infektion mit den gefährlicheren echten Pocken schützt. Es geht hier also nicht um die Verringerung der Gefahr der Infektion mit den Kuhpocken, sondern um den Immunschutz vor den echten Pocken durch eine gezielte Infektion mit den ungefährlicheren, also harmloseren Kuhpocken. Im Text wird dies als Kreuzimmunisierung bezeichnet. Somit ist Antwortoption b richtig.

**26 a:** Im Text ist die Rede davon, dass im späten 18. Jahrhundert mehrere Ärzte den Immunschutz vor den Pocken, der durch eine Infektion mit Kuhpocken entstanden ist, bemerkt haben. Deshalb ist Antwortoption a korrekt. Antwortoption b ist auszuschließen. Denn die bewusste Infektion mit den Kuhpocken – also die Impfung selbst – wurde nach dem lateinischen Namen für „Kuh" als Vaccination bezeichnet, nicht aber der Impfstoff. Dass im 18. Jahrhundert Kühe gegen Kuhpocken geimpft wurden, wird nicht gesagt. Demnach ist auch Antwortoption c falsch.

**27 c:** Auch wenn die erfolgreiche Einführung einer Pockenimpfung in Wien und die Einführung einer Impfpflicht in vielen Ländern erwähnt wird, ist im Text weder von einer Erprobung der Pockenimpfung in anderen Staaten die Rede noch wird die Pockenimpfung in anderen Ländern als Begründung für die Einführung einer Impfpflicht im Deutschen Reich genannt. Deshalb ist Antwortoption a falsch. Auch Option b kann ausgeschlossen werden. Denn es wird zwar gesagt, dass die verpflichtende Impfung gegen Pocken in Bayern 70 Jahre früher als im Deutschen Reich eingeführt wurde. Aber die Einführung der Impfpflicht in Bayern im Jahr 1807 war nicht der Grund für deren Einführung im Deutschen Reich im Jahr 1874. Als Grund für die Etablierung der Impfpflicht im Deutschen Reich 1874 wird angegeben, dass es wenige Jahre vor der Einführung zu einer Pocken-Epidemie gekommen ist: „nach einem großen Pockenausbruch im Jahr 1871".

**28 b:** Nicht Gott greift mit der Impfung in die Natur ein, sondern die Impfung stellt für die Impfgegner einen Eingriff in die göttliche Schöpfung und in die Natur dar. Deswegen ist Antwortoption a nicht korrekt. Auch Option c ist falsch, da die Angst, nach der Impfung würde man sich in eine Kuh verwandeln, im Text nicht als Argument der Impfgegner angeführt, sondern als allgemeines Gerücht deklariert wird. Ein Argument der Impfgegner, das u. a. im Text genannt wird, ist die Gefährlichkeit der Impfung für die Gesundheit: Sie befürchten gesundheitliche Schäden durch die Impfung. Deswegen ist Antwortoption b richtig.

**29 c:** Die Pockenimpfung wird im Text nicht als „riskanteste Impfung der Welt" bezeichnet, sondern es wird nur erwähnt, dass die Pockenimpfung als „eine der gefährlichsten Impfungen der Welt" gilt. Außerdem wird diese Einschätzung nicht als das Ergebnis der Aktivitäten der Impfgegner dargestellt. Antwortoption a ist deshalb nicht die passende Lösung. Im Text wird festgestellt, dass die Vorteile der Impfung überwogen, dass also die Impfung im Vergleich zum Risiko des Impfschadens mehr Vorteile bot. Nicht gesagt wird aber, dass man aufgrund der Aktivitäten der Impfgegner die Vorteile der Impfung überwiegend übersehen hat. Folglich ist auch Antwortoption b nicht richtig. Durch das Erstarken der Impfgegner und ihre Öffentlichkeitsarbeit kam es laut Text zu einem starken Nachlassen der Impfbereitschaft. Das bedeutet, dass sich weniger Menschen impfen lassen wollten. Somit ist Antwortoption c korrekt.

**30 c:** Im Text wird betont, dass die Pocken als ausgerottet gelten und die Welt pockenfrei ist. Die Pocken sind also nicht nur „fast ausgerottet", sodass Antwortoption a nicht stimmt. Dass man Pockenerreger aufbewahrt, weil man sie für die Entwicklung neuer Impfstoffe braucht, wird im Text nicht gesagt. Das Argument, man brauche die Erreger, um Impfstoffe zu testen, wird als „nicht mehr stichhaltig" bezeichnet. Deswegen ist auch Option b falsch. Es ist aber davon die Rede, dass Pockenerreger in Hochsicherheitslaboren „zu weiterer Forschung", also für wissenschaftliche Zwecke, aufbewahrt werden. Folglich ist Option c richtig.

## Schreiben

Im Folgenden finden Sie Beispieltexte für das Modul *Schreiben* (zu den Aufgaben auf den Seiten 37 und 39). Sie sehen hier, wie lang Ihre Texte ungefähr sein sollen und welche sprachlichen Mittel Sie verwenden können.

### Schreiben Teil 1

Das Auto wird in den letzten Jahren oft negativ bewertet, während es früher ein positives Image als Statussymbol und Zeichen für Freiheit und Unabhängigkeit hatte: Jetzt gilt das Auto als Umweltverschmutzer und als einer der Hauptschuldigen für den Klimawandel. Für viele Menschen ist das Auto zudem einfach überflüssig, sie brauchen es in ihrem Alltag nicht mehr. Deshalb fällt es ihnen gar nicht schwer, ohne Auto zu leben.
Das eigene Auto ist oft nicht mehr notwendig: Denken wir zum Beispiel an eine junge Familie in einer Großstadt. Das Auto steht die meiste Zeit, da Staus und der öffentliche Nahverkehr es sinnvoller machen, im Alltag Bus und Bahn zu benutzen. Für den Einkauf ist man zu Fuß unterwegs oder man fährt mit dem Fahrrad. Das Auto kostet aber auch Geld, wenn man es nicht benutzt, z. B. für Steuer und Versicherung. Und wenn man es einmal benutzt, hat man nur Stress – im Stau und bei der Parkplatzsuche.
Das eigene Auto hat allerdings auch immer noch Vorteile: Immer noch ist es oft die einzige Möglichkeit, flexibel und sicher mobil zu sein, vor allem auf dem Land, wo die öffentlichen Verkehrsmittel nicht so gut ausgebaut sind. Darüber hinaus gibt es auch Bereiche, bei denen die Bequemlichkeit des eigenen Autos eine große Erleichterung darstellt, z. B. beim Einkaufen, wenn es kein Geschäft im Ort gibt.
Gerade in den letzten Jahren haben sich aber viele Alternativen zum eigenen Auto entwickelt: Viele Verkehrsteilnehmer:innen wählen heutzutage statt eines Autos ein elektrisch unterstütztes Fahrrad, ein sogenanntes E-Bike, um im Alltag mobil zu sein. Wenn man dann einmal ein Auto für den Transport größerer Gegenstände braucht, bietet Car-Sharing, also das Teilen eines Autos bzw. ein Gemeinschaftsauto, eine ideale Möglichkeit.
Die Argumente für ein eigenes Auto werden also weniger. Immer öfter kann man sagen: Mit ein bisschen Planung kann man ein Leben ohne eigenes Auto führen.

## Schreiben Teil 2

Sehr geehrte Frau Gruber-Schmitz,

ich möchte kurz zu dem Plan der Geschäftsführung Stellung beziehen, Teambesprechungen nur noch online durchzuführen. Ich sehe durchaus das Potenzial, Teambesprechungen in den virtuellen Raum zu verlegen, da so dem Wunsch vieler Beschäftigter nach mehr Homeoffice und größerer Flexibilität entgegengekommen werden kann.
Allerdings möchte ich in Bezug auf mein Team einige Vorbehalte äußern: Zum einen befindet sich das Team ja noch in der Kennenlernphase und zu einer guten und vertrauensvollen Zusammenarbeit gehören auch inoffizielle Gespräche beim Kaffeeautomaten und Spontanität bei der Reaktion auf die Vorschläge anderer.
Ich möchte, dass das Team konstruktiv und offen zusammenarbeitet; dazu möchte ich eine Atmosphäre schaffen, in der eine positive Feedbackkultur herrscht und Konflikte offen angesprochen und konstruktiv gelöst werden können.
Ich kann mir gut vorstellen, Online-Teambesprechungen als Normalität anzukündigen und durchzuführen, würde aber bei neuen Teams oder in Konfliktfällen gern auf die Option von Teambesprechungen an der Firmenzentrale zurückkommen.

Mit vielen Grüßen

# Sprechen

Im Folgenden finden Sie ein Beispiel für ein Prüfungsgespräch (zu den Aufgaben auf den Seiten 43–44 und 47). Es zeigt Ihnen, wie ein Prüfungsgespräch verlaufen kann, wie lange Sie in etwa sprechen sollen und welche sprachlichen Mittel Sie verwenden können.

Die Aufnahmen wurden mit italienischen „real students“ gemacht; es sind ein italienischer Akzent und kleinere Grammatikfehler zu hören. Die Transkripte sind ohne Fehler abgedruckt. Trotz dieser „Fehler“ hätten Federico und Teresa die Prüfung bestanden.

**Track 6**

## Sprechen Teil 1 und Teil 2

P1 = Sylvia Niederberger, Prüferin
P2 = Daniel Schachtner, Prüfer
PTN1 = Federico Cassini, Prüfungskandidat
PTN2 = Teresa Motta, Prüfungskandidatin

P1 Herzlich willkommen zur mündlichen Prüfung Goethe-Zertifikat C1. Mein Name ist Sylvia Niederberger und das ist mein Kollege Daniel Schachtner. Und wie heißen Sie bitte?

PTN1 Ich heiße Federico Cassini.

P1 Und woher kommen Sie?

PTN1 Ich komme aus Genua, studiere Rechtswissenschaften in meinem Land und möchte hier mein Deutsch verbessern.

P1 Dankeschön. Und wie heißen Sie?

PTN2 Ich heiße Teresa Motta, komme aus Viterbo und bin seit April in Deutschland. Ich bin Ärztin von Beruf.

P1 Vielen Dank, dann beginnen wir jetzt mit der Prüfung. Die Prüfung hat zwei Teile.
Im Teil 1 halten Sie einen kurzen Vortrag. Sie haben dazu ein Thema ausgewählt und vorbereitet. Wir hören Ihnen zu und danach stellt Ihnen Ihr Prüfungspartner oder Ihre Prüfungspartnerin ein paar Fragen zu Ihrem Vortrag. Wer von Ihnen möchte beginnen?

PTN1 Ich beginne gerne.

P1 Dankeschön. Welches Thema haben Sie ausgewählt?

PTN1 Ich habe das Thema „Ist ein verpflichtendes Auslandssemester für alle Studierenden wünschenswert?“ gewählt und möchte dazu meinen kurzen Vortrag halten.
In unserer globalisierten Welt ist es heutzutage auch für Studierende problemlos möglich, ein Semester an einer Universität oder Hochschule im Ausland zu verbringen. Seit einigen Jahren gibt es neben unterschiedlichen Förderprogrammen das wohl bekannteste Projekt „Erasmus“, was schon Tausenden von Studierenden in Europa die Möglichkeit eröffnet hat, eine gewisse Zeit im Ausland zu verbringen. Ich selbst war ein Semester lang in Wien und kann nur sagen, dass es eine Bereicherung für mich war und zwar in vielerlei Hinsicht: Einerseits konnte ich sehen, wie ein Hochschulbetrieb und die Forschung in einem anderen Land funktionieren und andererseits habe ich viele neue Freunde kennengelernt.
So habe ich viel darüber erfahren, wie man in Österreich lebt und welche Themen die jungen Leute dort beschäftigen. Dabei habe ich viele Gemeinsamkeiten, aber auch große Unterscheide beobachtet. Natürlich gibt es auch Argumente dagegen, die oft angeführt werden. Da steht an erster Stelle das Argument, man würde zu viel Zeit verlieren: Zum einen die Zeit, die man im Ausland verbringt, zum anderen die Zeit, die man braucht, um sich nach der Rückkehr wieder in den Unibetrieb einzugliedern.
Eventuell muss man verpasste Veranstaltungen und Prüfungen nachholen, und man schließt das Studium später als geplant ab. Außerdem hört man oft, die Studierenden würden einen großen Teil ihrer Zeit im Ausland mit Feiern und Partys verbringen, sich meistens nur mit Studierenden aus dem eigenen Land treffen und dadurch auch kaum die Sprache des Gastlandes lernen. Und selbst wenn man Prüfungen ablegt, würden diese zumeist im Heimatland nicht anerkannt und insgesamt sei der Lernwert doch relativ gering im Verhältnis zur Zeit, die man während eines ganzen Semesters verliert.
All diese Argumente kann man sicher nicht ohne Weiteres von der Hand weisen, aber ich möchte sie auch aufgrund meiner eigenen

Erfahrung relativieren: Der Zeitverlust kann auch durchaus ein Gewinn sein, da man Erfahrungen als junger Mensch macht, die man im späteren Berufsleben entweder nicht mehr oder zumindest nicht mehr so unbeschwert und ohne Leistungsdruck machen kann. Und auch das Feiern gehört nun mal zum Studentenleben. Da macht es auch keinen Unterschied, ob im Studierendenwohnheim im Heimatland oder im Gastland gefeiert wird. Entscheidend ist doch das Maß und die Mischung. Und ich glaube, wer nie feiert und immer nur lernt, dem fehlen Erfahrungen, die ebenso wichtig sein können wie reines Fachwissen.
Was das Sprachenlernen betrifft, so hängt es doch von jedem Einzelnen ab, ob er diese Gelegenheit nutzt oder sich immer nur mit Landsleuten unterhält. Besonders durch die Sprache bekommt man ja Einblicke, die einem sonst verschlossen bleiben.
Um noch mehr Studierende für einen Auslandsaufenthalt zu gewinnen, würde ich in die Studienordnungen aufnehmen, dass ein mehrmonatiger Aufenthalt an einer ausländischen Universität erwünscht oder sogar erforderlich ist, wie z. B. in interkulturellen Studiengängen oder in der Vergleichenden Literaturwissenschaft. Darüber hinaus sollten bestandene Prüfungen oder besuchte Seminare an der Auslandsuni mit Bonuspunkten belohnt werden.
Ich glaube, dass in unserer globalisierten Welt mit immer schnelleren und unkomplizierteren Reisemöglichkeiten immer mehr Studierende bereit sein werden, zumindest ein paar Monate an einer Universität im Ausland zu verbringen.

P1 Vielen Dank für diesen interessanten Vortrag. Frau Motta, möchten Sie jetzt Herrn Cassini ein paar Fragen zum Vortrag stellen?

PTN2 Ja, gern. Welches war für dich die schönste Erfahrung an der Uni in Wien?

PTN1 Die schönste Erfahrung war für mich die vielen Kontakte mit Studentinnen und Studenten aus Österreich, die ich an der Uni hatte. Und dank der sozialen Medien konnte ich auch fast alle bis heute bewahren.

PTN2 Und welche die schlimmste?

PTN1 So richtig schlimme Erfahrungen habe ich eigentlich gar nicht gemacht. Klar, am Anfang war es nicht ganz einfach, weil ich niemanden kannte und die Sprachbarriere ja auch nicht hilfreich war. Aber das hat sich schnell gegeben. Auch war das Mensaessen für mich gewöhnungsbedürftig, aber dafür hat man dort ganz schnell viele Leute kennengelernt.

PTN2 Wie hast du das Auslandssemester finanziert?

PTN1 Mein Zimmer im Wohnheim meines Heimatlandes habe ich weitervermietet und damit konnte ich das Zimmer in Wien bezahlen. Außerdem habe ich vorher ein bisschen gespart. Man lebt als Student:in ja doch relativ sparsam. Ich war zum Beispiel in den vier Monaten des Sommersemesters nur einmal in einem Restaurant. Mittags habe ich in der Mensa gegessen, dort isst man ja sehr günstig. Und abends haben wir im Wohnheim meistens zusammen etwas gekocht. Das war immer sehr lustig.

PTN2 Und würdest du es anderen Studierenden empfehlen?

PTN1 Ja, unbedingt. Ich möchte keinen einzigen Tag missen, ich habe so viel gelernt und so viele tolle Menschen kennengelernt. Und es hat mir so viel Energie gegeben, dass ich danach gleich meine Zwischenprüfung gemacht habe.

P1 Vielen Dank.

Dann würde ich Sie, Frau Motta, darum bitten, jetzt mit Ihrem Vortrag zu beginnen. Für welches Thema haben Sie sich entschieden?

PTN 2 Ich habe das Thema gewählt: „Sollte Werbung, die an Kinder gerichtet ist, gesetzlich verboten werden?“ und ich möchte dazu meinen kurzen Vortrag halten.
In der heutigen Zeit werden wir durch die unterschiedlichsten Medien rund um die Uhr von Werbung erreicht. Man hat herausgefunden, dass ein durchschnittlicher Mensch in den westlichen Ländern täglich mit mehreren tausend Werbebotschaften konfrontiert wird. Längst nicht mehr nur durch die klassische Plakatwerbung oder die Werbung in Zeitungen und Zeitschriften, sondern vor allem durch die Werbung im Netz und im Fernsehen.
Das Internet überschüttet uns förmlich mit Werbung aller Art und wir werden zunehmend zum Ziel personalisierter Werbung. Die kommerzielle Werbung spielt in der Wirtschaft eine enorme Rolle. Das wird sehr deutlich, wenn man sich mal die Summen anschaut, die für Werbung ausgegeben werden. Der Einfluss der Werbung auf unser Konsumverhalten ist nachgewiesen. Selbst wenn wir glauben, frei entscheiden zu können, sind wir durch immer subtilere Werbestrategien stark beeinflusst, ohne uns dessen bewusst zu sein. Und wenn schon die Wirkung auf uns Erwachsene so stark ist, kann man sich vorstellen, wie sehr Kinder durch Werbung manipuliert werden können. Man weiß, dass z. B. die Hälfte der Werbespots, die im Fernsehen ausgestrahlt werden, an Kinder gerichtet ist.
Kinder sind eine begehrte Zielgruppe der Wirtschaft, denn sie verfügen über eigenes Geld, das sie für Konsum ausgeben. Die Industrie nutzt z. B. die Vorbildfunktion von Comic- und Internethelden der Kinder, um ihre Produkte zu verkaufen.
Im Alter bis acht Jahren können Kinder noch nicht zwischen Werbung und Wirklichkeit unterscheiden. Kinder ab 10 Jahren können Werbung zwar schon etwas kritischer betrachten, aber trotzdem können sie sich dem Einfluss weniger entziehen als erwachsene Verbraucher.

Ich möchte das am Beispiel der Werbung für Süßigkeiten, gezuckerte Getränke und Snacks wie z. B. Kartoffelchips näher erläutern. Ärzte warnen vor den dramatischen gesundheitlichen Folgen für Kinder, die zu viele Süßigkeiten essen und schon in frühen Jahren zu dick sind. Denn solche Produkte tragen neben Bewegungsmangel maßgeblich dazu bei, dass die Anzahl der übergewichtigen Kinder steigt. Aber es sind genau die ungesunden Lebensmittel, die Kinder lieben. Viele sogenannte Zivilisationskrankheiten werden auf falsche Ernährung zurückgeführt und Zucker spielt dabei eine wichtige Rolle. Es liegt somit nahe, dass man Werbung für die entsprechenden Produkte für Kinder grundsätzlich verbieten sollte.
Es gab Versuche in Schweden, ein Werbeverbot für Kindersendungen im Fernsehen durchzusetzen. Der Erfolg war mäßig, denn die Werbeindustrie weicht dann eben auf andere Kanäle wie das Internet aus, die noch schwerer zu kontrollieren sind. Hinzu kommt, dass man solche Verbote in einer Gesellschaft mit einer freien oder sozialen Marktwirtschaft nur schwer durchsetzen kann. Somit helfen nur andere Methoden, um den Einfluss der Werbung für diese Produkte auf die Kinder zumindest zu beschränken.
Dabei spielen die Eltern als Vorbilder für mich eine ganz entscheidende Rolle. Eine gesunde Ernährung in der Familie kann dazu führen, dass die Kinder später einmal seltener zu gesundheitsschädlichen Produkten greifen. Außerdem sollten Kinder sowohl in der Schule als auch im Elternhaus zu einer bewussten Ernährung erzogen werden. Verbote von Süßigkeiten würden das Gegenteil bewirken, aber ein kontrollierter Konsum würde da schon sehr viel helfen. Dass Kinder Werbung sehen, kann sicher niemals verhindert werden, also hilft nur Aufklärung.
Die Kinder müssen lernen, dass Werbung nichts mit Realität zu tun hat, sondern lediglich dazu dient, etwas zu verkaufen.

P1 Vielen Dank für diesen interessanten Vortrag. Herr Cassini, möchten Sie jetzt Frau Motta ein paar Fragen zum Vortrag stellen?

PTN1 Ja, gern. In den meisten Ländern gibt es ja Verbote von Werbung für Tabakwaren. In Italien ja schon seit sehr langer Zeit. Warum dann nicht auch für Süßigkeiten?

PTN2 Ich glaube, dass es da schon einen Unterschied gibt. Rauchen ist nachweislich auch in geringen Mengen sehr schlecht für die Gesundheit, aber wer ab und zu ein Stück Schokolade isst, geht ja noch kein Gesundheitsrisiko ein.

PTN1 Und würdest du denn deinen Kindern verbieten, Bonbons zu essen?

PTN2 Ich habe ja gesagt, dass ich nicht so viel von Verboten halte. Ich habe noch keine Kinder, aber ich würde sicher darauf achten, dass sie nicht zu viel davon essen. Und natürlich mit gutem Beispiel vorangehen.

PTN1 Und glaubst du nicht, dass sie dann heimlich Bonbons und Chips essen würden?

PTN2 Das glaube ich eigentlich nicht. Und wenn sie dann etwas größer sind, kann man ihnen ja auch erklären, warum man nicht zu viel davon essen sollte.

PTN1 Und du denkst, es funktioniert, auch wenn sie in den sozialen Medien ständig Werbung dafür sehen?

PTN2 Vielleicht muss man sich mit ihnen ja auch mal vor den Computer setzen und mit ihnen auch darüber sprechen, was sie da sehen. Das finde ich in jedem Fall besser als Verbote.

P2 Vielen Dank, das war Teil 1. Wir kommen jetzt zu Teil 2. Sie führen jetzt gemeinsam eine Diskussion. Sie sind bei einem Treffen mit einer Kolleg:in und eine gemeinsame Bekannte oder ein gemeinsamer Bekannter möchte bei der nächsten Bundestagswahl nicht mehr wählen gehen. Gerade haben Sie etwas zum Thema im Internet gelesen und diskutieren nun darüber.

PTN1: Hallo Teresa, durch die vielen Wahlplakate in den Straßen ist unübersehbar, dass die Bundestagswahlen immer näher rücken. Gestern habe ich mich darüber mit unserem deutschen Freund Markus unterhalten. Ich war sehr überrascht, als er mir gesagt hat, dass er nicht mehr wählen gehen will, weil das ja doch nichts bringe und die ganzen Wahlversprechen nach der Wahl wieder ganz schnell in Vergessenheit geraten.
Das habe ich von ihm gar nicht erwartet. Ich finde, wir sollten beide nochmal mit ihm reden, denn das Wählen gehört für mich zu den wichtigsten demokratischen Mitspracherechten. Im Internet habe ich gelesen, dass auch in Deutschland darüber diskutiert wird, ob nicht doch eine Wahlpflicht eingeführt werden soll. Ich halte wenig davon. Es ist doch in erster Linie Aufgabe der Schule und der Eltern, die jungen Leute davon zu überzeugen, dass das Wahlrecht ein wichtiges Instrument ist, um an der Demokratie mitzuwirken.

PTN2 Was die Einhaltung von Wahlversprechen betrifft, so kann ich Markus schon verstehen. Ich ärgere mich auch, dass die Kandidatinnen und Kandidaten der unterschiedlichen Parteien im Wahlkampf alles Mögliche versprechen, und wenn sie dann in der Regierung sind, wird vieles gar nicht mehr erwähnt.

PTN1 Klar ist das ärgerlich, aber die Politik besteht nun mal aus Kompromissen, insbesondere wenn unterschiedliche Parteien gemeinsam eine Regierung bilden. Das sollte Markus aber wissen und einfach nicht zur Wahl zu gehen, ist keine Lösung. Es gibt so viele Menschen in anderen Ländern, die die Länder mit freiem Wahlrecht beneiden oder sich wünschten frei wählen zu können. Vielleicht sollten wir das Markus nochmal ganz deutlich machen.

PTN2 Ja, ich glaube, mit diesem Argument kann man ihn überzeugen. Außerdem hilft eine geringe Wahlbeteiligung sehr häufig extremen Parteien und ich denke nicht, dass das Markus unterstützen möchte. Es gibt doch genug Beispiele von Wahlen mit so niedriger Wahlbeteiligung, dass dann die Wahlergebnisse von den wenigen Personen beeinflusst werden, die sich beteiligen und die Meinung derjenigen, die nicht wählen gehen, völlig unberücksichtigt bleibt.

PTN1 Auch eine Wahlpflicht hilft da nicht weiter. Erstens beschränkt sie das Persönlichkeitsrecht und zweitens gibt es genügend Beispiele von Ländern, in denen eine Wahlpflicht auch keine Garantie für freie Wahlen ist. In autoritären Ländern werden oft nur die Personen zu den Wahlen zugelassen, die für die Machthaber keine Gefahr darstellen. Und es können ja auch nur die Personen gewählt werden, die zu den Wahlen offiziell zugelassen sind.

PTN2 Das ist richtig und wir können auch noch argumentieren, dass Markus, der ja ein überzeugter Europäer ist, letztlich die antieuropäischen Kräfte hier im Land stärkt, wenn er nicht zur Wahl geht. Das will er ja bestimmt nicht, so wie ich ihn kenne. Zudem müssen wir ihm nochmals klarmachen, dass es sein demokratisches Grundrecht und Privileg ist, aus unterschiedlichsten Personen und Parteien diejenigen frei zu wählen, die seine Haltung und Überzeugungen am ehesten vertreten.

PTN1 Und in der Vergangenheit hat sich oft gezeigt, dass es tatsächlich auf jede abgegebene Stimme ankommt. Ich bin mit vielen Entscheidungen unserer aktuellen Regierung ja auch nicht einverstanden, aber ich unterstütze trotz vieler Kritikpunkte einen proeuropäischen Kurs und das kann ich am besten durch meinen Gang ins Wahlbüro.

PTN2 Dann sollten wir nochmal mit Markus sprechen und versuchen, ihn mit unseren Argumenten zu überzeugen.

PTN1 Ich wollte ihn sowieso morgen nochmal treffen und da kannst du ja mitkommen und wir können das Thema bei einem gemeinsamen Kaffee in aller Ruhe mit Markus diskutieren.

P2 Vielen Dank für diese interessante Diskussion. Damit ist die Prüfung beendet. Wir wünschen Ihnen alles Gute für die Zukunft. Auf Wiedersehen.

## Lesen

### Lesen Teil 1

1 a, 2 a, 3 d, 4 a, 5 d, 6 d, 7 d, 8 a

> Die Begriffe zu den Erläuterungen der Satzverbindungen (Konnektoren) werden auf den Seiten 80–81 erklärt.

**Zu 0 c:** *Eine Entscheidung treffen* ist eine feste Nomen-Verb-Verbindung, die ausdrückt, dass man sich entscheidet, sich also auf etwas festlegt. Bei den Optionen a, b und d handelt es sich nicht um passende Kombinationsmöglichkeiten. Antwortoption c ist hier also korrekt.

**Zu 1 a:** Es geht hier um den künftigen Berufs- und Lebensweg junger Menschen. In Lücke 1 fehlt demnach ein Pronomen im Genitiv, das sich auf *junge Menschen* (Plural) bezieht. Option b und Option d sind Singular und deshalb nicht möglich. Option c passt mit ihrer Endung nicht zum maskulinen *Berufsweg* bzw. *Lebensweg* und kann deshalb auch nicht richtig sein. Nur *deren* erfüllt die Bedingungen und ist deshalb korrekt.

**Zu 2 a:** Eine Entscheidung fällt leicht oder schwer. Es handelt sich um eine feste Wendung. Bei den Optionen b, c und d handelt es sich nicht um korrekte Kombinationsmöglichkeiten. Antwortoption a ist hier also korrekt.

**Zu 3 d:** Es gibt eine so große Vielzahl an Angeboten, dass es kaum mehr möglich ist, sie zu überschauen, sie also alle wahrzunehmen und zu erfassen.
Somit sind sie unüberschaubar und Option d ist korrekt. Die anderen Optionen ergeben im Kontext keinen Sinn und können ausgeschlossen werden.

**Zu 4 a:** Die neuen Studienfächer ergeben sich nicht *dank*, *trotz* oder *wegen* der Erfordernisse, sondern *aus* den Anforderungen des Umweltschutzes. Bei *sich aus etwas ergeben* handelt es sich um eine feste Verbindung aus Verb und Präposition. Somit ist Antwortoption a korrekt. Die anderen Optionen ergeben keinen Sinn und können ausgeschlossen werden.

**Zu 5 d:** Alle Optionen bieten Partizipien, die im Hinblick auf ihre Endung alle möglich wären. Hier wird jedoch ausgedrückt, dass die Gesellschaft sich gerade verändert, also im Begriff ist, sich zu wandeln. Inhaltlich kann deshalb Option a ausgeschlossen werden. Da es bei der Veränderung der Gesellschaft um einen Prozess geht, der noch nicht abgeschlossen ist und andauert, braucht es ein Partizip I bzw. Partizip Präsens, sodass die Optionen b und c (jeweils Partizip II bzw. Partizip Perfekt) wegfallen. Das wird auch durch die Verwendung des Reflexivpronomens *sich* bestätigt, das nur in Kombination mit dem Partizip I eines reflexiven Verbs, nicht aber mit einem Partizip II verwendet werden kann. Deshalb ist nur Option d möglich: eine sich wandelnde Gesellschaft.

**Zu 6 d:** Inhaltlich wären sowohl Option b als auch Option d möglich. Allerdings lässt sich nur *Möglichkeit* mit dem Verb *bestehen* verbinden, sodass Option d richtig ist: Es *besteht eine Möglichkeit*, während es *eine Gelegenheit gibt*. Die Optionen a und c ergeben keinen Sinn und können ausgeschlossen werden.

**Zu 7 d:** In Lücke 7 fehlt ein Konnektor. Syntaktisch passen die Antwortoptionen a, b und d. Bei Option c (*trotzdem*) handelt es sich um einen Konjunktor, der aufgrund der Endstellung des Verbs ausgeschlossen werden kann. Auch inhaltlich passt Option c nicht, denn *trotzdem* drückt ein konzessives Verhältnis aus, aber an dieser Stelle des Textes geht es darum, dass ein Gegensatz zwischen Studium und Ausbildung formuliert wird. Deshalb scheiden auch die Optionen a und b aus: *Obwohl* (a) drückt ein konzessives Verhältnis aus, bei *sodass* (b) geht es um einen konsekutiven Zusammenhang. Nur Option d bietet mit *wohingegen* einen Konnektor, der die adversative Bedeutung der Textstelle abbildet, und ist deshalb die passende Ergänzung.

**Zu 8 a:** *Ins Gewicht fallen* ist eine feste Nomen-Verb-Verbindung, die ausdrückt, dass etwas eine große Bedeutung hat bzw. von ausschlaggebender Bedeutung ist. Bei den Optionen b, c und d handelt es sich nicht um passende Kombinationsmöglichkeiten. Antwortoption a ist hier also korrekt.

### Lesen Teil 2

9 b, 10 c, 11 c, 12 a, 13 c, 14 c, 15 c

**Zu 9 b:** Im Text findet sich keine Aussage darüber, dass den Fake News von der Öffentlichkeit ein entscheidender Einfluss zugesprochen wird. Option a ist demnach falsch. Auch Option c ist nicht korrekt. Denn die Studien ergaben zwar, dass der Einfluss von Fake News in sozialen Medien überschätzt wurde, der Text behauptet jedoch nicht, dass man Fake News in ihrem Einfluss nicht unterschätzen darf. Durch die Studien wurde nachgewiesen, dass das Vermeiden von Nachrichten eher als der Einsatz von Fake News in sozialen Medien ein Problem darstellt. Somit ist Antwortoption b korrekt.

**Zu 10 c:** Im Text wird geschildert, dass andere Staaten in sozialen Medien scheinbare Skandale nutzen, um Proteste hervorzurufen oder sogar diplomatische Krisen auszulösen. Da es aber nicht um diplomatische Skandale geht, ist Antwortoption a falsch. Auch Option b ist nicht richtig. Denn es wird zwar von polarisierenden Formaten geschrieben, aber diese werden in Verbindung mit den „klassischen Medien“ und nicht mit den sozialen Medien erwähnt. Die sozialen Medien haben laut Text einen Einfluss auf die Radikalisierung von Gesellschaften. In diesem Zusammenhang wird ausgeführt, dass andere Staaten „Einfluss auf die Meinungsbildung von Bürgerinnen und Bürgern und damit auf die Wahlen selbst“ nehmen wollen, indem sie die sozialen Medien nutzen. Das bedeutet, dass andere bzw. fremde Staaten das Wählerverhalten beeinflussen und damit manipulieren möchten. Damit ist Antwortoption c richtig.

**Zu 11 c:** Da die Untersuchung zu dem Schluss kommt, dass Falschmeldungen „in den wenigsten Fällen" bewusst und strategisch weiterverbreitet werden, ist Antwortoption b nicht korrekt. Auch Option a ist falsch. Denn auf die „wahrgenommene Glaubwürdigkeit" gehen nicht die Falschmeldungen selbst zurück, sondern sie wird als Hauptmotivation für das Teilen von Nachrichten identifiziert. So werden auch Falschmeldungen dann geteilt, wenn man sie nicht als Falschmeldung erkennt. Folglich ist Antwortoption c die korrekte Antwort auf Frage 11.

**Zu 12 a:** Im Text wird erwähnt, dass die Quellen einer Nachricht in sozialen Medien „nicht mehr so leicht zu rekonstruieren sind". Der Text stellt als Tatsache dar, dass man die Quelle in sozialen Medien nur schwer rekonstruieren kann. Option b behauptet aber, dass die Menschen nur dann Meldungen vertrauen, wenn sie die Quelle rekonstruieren können. Deswegen ist Option b falsch. Auch Option c stimmt nicht, da Medienkompetenz zwar ausgebildet werden soll, aber Menschen Nachrichten im Internet nicht deshalb vertrauen, weil sie über eine gute Medienkompetenz verfügen. Der Grund dafür, dass man Meldungen im Internet vertraut, ist das Vertrauen auf die Quelle. Deswegen ist Option a korrekt.

**Zu 13 c:** Damit eine Quelle als seriös gilt, ist laut Text entscheidend, dass eine Nachricht „umfassend in allen Aspekten dargestellt" wird. In der Nachricht müssen also alle Details vollständig vorhanden sein, nichts darf verschwiegen oder vergessen werden. Deshalb ist Antwortoption a falsch: Wenn man eine Nachricht „aus mehreren Blickwinkeln" betrachtet, dann überprüft man die Nachricht von unterschiedlichen Standpunkten aus und aus verschiedenen Perspektiven. Auch Option b ist nicht richtig: Es wird zwar über die Aktualität einer Nachricht als Indiz für die Seriosität einer Quelle geschrieben, allerdings wird nicht erwähnt, dass die Quelle ausschließlich aktuelle Nachrichten verbreiten darf, um als seriös zu gelten. Laut Text ist eine Voraussetzung für die Beurteilung der Seriosität einer Quelle die Anzahl der anderen bzw. seriösen Medien, die diese Nachricht verbreiten. Option c ist also richtig.

**Zu 14 c:** Der „blaue Haken" wird als Beispiel für ein Verifizierungsinstrument genannt, ist also selbst ein solches Instrument, sodass Option a falsch ist. Auch Antwortoption b kann ausgeschlossen werden. Zwar wird festgestellt, dass man die Quellen von Nachrichten überprüfen kann, aber es wird nicht erwähnt, dass Verifizierungstools dabei helfen, automatisch Nachrichten in verschiedenen Quellen zu prüfen. Verifizierungstools werden als eine Möglichkeit, die Glaubwürdigkeit bzw. Seriosität einer Quelle zu prüfen, genannt. Deshalb ist Option c hier richtig.

**Zu 15 c:** Zwar wird der Begriff „angstschürend" erwähnt, jedoch geht es um Nachrichten, die überemotional oder angstschürend sind und deswegen oft zu schnell geteilt werden. Nicht die negativen Kommentare werden also als angstschürend bezeichnet, weswegen Option a nicht zutrifft. Viele negative Kommentare auf eine Meldung bedeuten, dass sie als weniger glaubwürdig wahrgenommen wird, aber nicht, dass die Meldung nicht mehr glaubwürdig ist. Deswegen ist auch Antwortoption b falsch. Im Text wird empfohlen, dass man nicht nur die Quelle einer Nachricht überprüfen soll, sondern auch „die Accounts und Profile der Kommentatoren", damit man die negativen Kommentare richtig beurteilen kann. Dies deckt sich mit der Aussage in Antwortoption c. Folglich ist Option c richtig.

## Lesen Teil 3

16 f, 17 e, 18 i, 19 b, 20 a, 21 j, 22 g, 23 h
nicht zuzuordnen: c, d

**Zu 0:** Im Satz vor Lücke 0 wird dargestellt, dass im deutschen Mittelstand ein Generationenwechsel bevorsteht. Satz 0 gibt eine Erklärung, wie sich dieser den gesamten Mittelstand betreffende Generationenwechsel schon jetzt auswirkt, und bietet damit eine Verdeutlichung der grundsätzlichen These des vorausgehenden Satzes. Gleichzeitig stellt Satz 0 eine Verbindung zum nachfolgenden Satz her. Dieser beziffert mit einer konkreten Zahl, um wie viele Unternehmen es hier jährlich geht und was unter „so viele Unternehmen wie noch nie" genau zu verstehen ist. Deswegen ist Satz 0 die passende Lösung für das Beispiel.

**Zu 16 f:** Im Satz vor Lücke 16 wird darauf hingewiesen, dass der Fortbestand von Unternehmen, bei denen die Nachfolge „nicht klappt", gefährdet ist. Satz f verweist mit „diesem Risiko" auf diese Gefahr und erklärt das sich daraus ergebende Problem: Pro Jahr sind dadurch die Arbeitsplätze von 500.000 Beschäftigten bedroht. Außerdem macht der Satz nach Lücke 16 die Antwortoption f wahrscheinlich. Denn dort werden „die derzeit hohen Zahlen" begründet, sodass die Nennung einer weiteren hohen Zahl – neben den vorher erwähnten „rund 30.000 Familienunternehmen" – im fehlenden Satz notwendig ist. Satz f ist demnach eine passende Ergänzung für Lücke 16.

**Zu 17 e:** Im Satz vor Lücke 17 ist von „Kleinunternehmen" die Rede, die in den letzten vier Jahren geschlossen wurden, weil die Nachfolge gescheitert ist. „Derartige Betriebe" in Antwortoption e bezieht sich auf die vorher genannten „Kleinunternehmen". Auch inhaltlich wird ein Zusammenhang zur vorherigen Information hergestellt, wenn die Prognose formuliert wird, dass diese Unternehmen auch zukünftig „mit dem Ruhestand des Inhabers schließen" werden. Satz e ist deshalb die Lösung für Lücke 17.

**Zu 18 i:** Im Satz vor Lücke 18 wird über die Selbstverständlichkeit berichtet, mit der in früheren Zeiten die Kinder die Nachfolge in Familienunternehmen antraten, sobald die Eltern aus Altersgründen ausgeschieden sind. In den Sätzen nach Lücke 18 wird erklärt, warum heutzutage viele Unternehmenskinder kein Interesse daran haben, den elterlichen Betrieb zu übernehmen. Im fehlenden Satz muss es inhaltlich um die Betriebsübernahme durch die Unternehmenskinder gehen.

Satz c scheidet aber aus, weil dort berichtet wird, dass „die meisten Unternehmenskinder den elterlichen Betrieb übernehmen“ wollen und der Satz deshalb inhaltlich nicht zu der folgenden Aussage passt. Satz i erklärt dagegen, dass Betriebsübernahme durch den Nachwuchs heutzutage nicht mehr selbstverständlich ist und die Kinder es nicht als „familiären Automatismus“ ansehen, den Familienbetrieb zu übernehmen. Mit „allerdings“ wird der Gegensatz zwischen „früher“ im Satz vor Lücke 18 und „heutig“ betont. Der „heutige Unternehmensnachwuchs“ in Satz i wird im Satz nach der Lücke wieder aufgegriffen: „Unternehmenskinder von heute“. Satz i ist deshalb die passende Ergänzung für Lücke 18.

**Zu 19 b:** Der Satz vor Lücke 19 bezeichnet die „nicht gelingende Nachfolge durch die eigenen Kinder“ als „hochemotionales Thema“. Antwortoption b präsentiert die Folge davon: Die nicht gelingende Nachfolge wird „tabuisiert“. Angeschlossen durch „das ist insbesondere der Fall, wenn ...“ erläutert der Satz nach Lücke 19 zwei Situationen, in denen diese Tabuisierung besonders häufig vorkommt: Zum einen wird vor allem dann tabuisiert, wenn es die Kinder nicht geschafft haben, sich ausreichend zu qualifizieren, und sie deshalb das Familienunternehmen nicht übernehmen können. Zum anderen sind auch Streitigkeiten mit den Kindern ein Grund für die Tabuisierung. Auch der folgende Satz verweist auf die Tabuisierung des Themas Nachfolge: „Die Frage, wer für eine Nachfolge infrage kommt, wird dann nicht gestellt“. Satz b ist demnach die Lösung für Lücke 19.

**Zu 20 a:** Nach Lücke 20 wird die Entwicklung, dass immer weniger Unternehmerinnen und Unternehmer den eigenen Nachwuchs für die Nachfolge einplanen, erläutert und mit „nämlich“ signalisiert, dass es sich hier um eine Begründung handelt. Der fehlende Satz steht also im Zusammenhang mit dieser Entwicklung bei der Nachfolgeplanung: Während früher die Unternehmerinnen und Unternehmer für die Nachfolge ganz selbstverständlich mit den eigenen Kindern planten, wünschen sich heute nur noch 50 % der Unternehmerinnen und Unternehmer „eine Nachfolge durch die eigenen Nachkommen“. Satz a, der von einer „Trendwende“, also einer einschneidenden Veränderung, spricht, bietet sich deshalb als passende Ergänzung für Lücke 20 an. Die „Trendwende“ wird in einem der folgenden Sätze wieder aufgegriffen, wenn der Trend, „sich ganz bewusst für eine externe Nachfolgeregelung zu entscheiden“, erwähnt wird.

**Zu 21 j:** Im Satz vor Lücke 21 wird festgestellt, dass es nicht nur bei der Nachfolge durch die eigenen Kinder, sondern auch bei einer externen Nachfolgeregelung Hindernisse geben kann, die zum Scheitern der Nachfolge führen können. Der Satz nach Lücke 21 erläutert eines dieser Hindernisse: Die Unternehmerinnen und Unternehmer warten viel zu lange. Da dieser Satz mit „außerdem“ an den fehlenden Satz angebunden wird, ist davon auszugehen, dass auch der fehlende Satz ein Hindernis der externen Nachfolge präsentiert. Dies ist bei Satz j der Fall: Die viel zu hohe Bewertung des Unternehmens durch die Inhaber und der daraus resultierende überhöhte Verkaufspreis werden – angeschlossen durch „beispielsweise“ – als Schwierigkeit der externen Nachfolgeregelung genannt. Satz j ist demnach eine passende Ergänzung für Lücke 21.

**Zu 22 g:** In den Sätzen vor Lücke 22 werden verschiedene Ursachen bzw. Gründe dafür, dass Unternehmerinnen und Unternehmer zu lange mit der Regelung der Nachfolge warten, erläutert. Auch im Satz nach Lücke 22 wird – eingeleitet mit „und nicht zuletzt“ – eine Ursache genannt. Man kann also davon ausgehen, dass auch der fehlende Satz eine mögliche Ursache liefert. Dies ist bei Satz g der Fall: Unternehmerinnen und Unternehmer warten mit der Regelung der Nachfolge so lange, weil sie fürchten, ihre „gesellschaftliche Rolle als anerkannte Person“ zu verlieren. Die Verwendung von „auch“ macht deutlich, dass es sich um einen weiteren Aspekt handelt. Satz g ist deshalb eine passende Ergänzung für Lücke 22.

**Zu 23 h:** Vor Lücke 23 wird thematisiert, dass Unternehmerinnen und Unternehmer zu lange mit der Regelung der Nachfolge warten und welche Gründe es dafür gibt. Mit dem Hinweis darauf, dass eine Unternehmensübergabe auch eine hochemotionale Herausforderung darstellt, wird zwar Verständnis für die Unternehmerinnen und Unternehmer, die zu lange warten, gezeigt. Aber in den Sätzen nach Lücke 23 wird die Empfehlung bzw. die Mahnung ausgesprochen, frühzeitig mit der Nachfolgeplanung zu beginnen, da laut Experten der Prozess drei bis fünf Jahre dauert. Im gesamten Abschnitt geht es also um den Faktor Zeit bei der Planung bzw. Regelung der Nachfolge, sodass Satz h eine passende Ergänzung für Lücke 23 ist. Der Konnektor „aber“ schränkt das Verständnis für die Unternehmerinnen und Unternehmer ein und stellt eine Verbindung zur nachfolgenden Empfehlung bzw. Mahnung her: Obwohl die Nachfolgeregelung eine hochemotionale Angelegenheit darstellt, ist der Faktor Zeit entscheidend und man kann nicht früh genug mit der Planung beginnen, wenn die Unternehmensübergabe erfolgreich verlaufen soll.

**Zu c:** Antwortoption c bietet sich nur auf den ersten und flüchtigen Blick als Lösung für Lücke 18 an, weil es in Satz c sowie in den die Lücke 18 umgebenden Sätzen um die Rolle des Unternehmensnachwuchses geht. Allerdings wird im Text erläutert, warum viele Unternehmenskinder kein Interesse daran haben, den Familienbetrieb zu übernehmen. Deswegen passt Satz c nicht als Ergänzung für Lücke 18, kann aber auch keiner anderen Lücke zugeordnet werden.

**Zu d:** Antwortoption d formuliert einen Grund, warum eine familieninterne Nachfolgeregelung nicht möglich ist. Das einleitende „außerdem“ macht es notwendig, dass vor diesem Satz mindestens ein anderer Grund genannt werden müsste. Eine Aufzählung von Gründen findet sich im Kontext von Lücke 22, allerdings geht es hier um das Problem, dass Firmeninhaber mit der Nachfolgeregelung zu lange warten. Satz d passt demnach inhaltlich nicht als Lösung für Lücke 22, kann aber auch keiner anderen Lücke sinnvoll zugeordnet werden.

### Lesen Teil 4

24 b, 25 c, 26 a, 27 b, 28 0, 29 0, 30 c

**Zu 0 a:** Jörg Mückenhaupt stellt fest, dass die Raumfahrt sehr kostenintensiv ist. Die Aussage des Beispiels 0 deckt sich also mit Text a.

**Zu 24 b:** Kolja Holl-Glander ist sich sicher, dass durch die Raumfahrt Menschen für Technik und Naturwissenschaften „begeistert" werden. Ihr naturwissenschaftliches Interesse wird folglich gefördert. Text b ist demnach der passende Text für Aussage 24.

**Zu 25 c:** Heike Blumenkämper berichtet von Lösungen, die für Probleme im Weltraum erarbeitet und „dann auch auf der Erde eingesetzt" werden. Sie zitiert eine Aufstellung der NASA mit mehr als 1600 Produkten der Weltraumtechnik, die einen „direkten Nutzen für die Menschen" haben. Deswegen passt Aussage 25 zu Text c.

**Zu 26 a:** In Text c steht zwar, dass man ohne die bisherige Weltraumforschung nur einen kleinen Teil der Mechanismen des Klimawandels verstanden hätte. Allerdings geht es hier nicht um Forschung im Weltraum, also unter den spezifischen Bedingungen des Weltraums, sondern um die Gewinnung globaler Daten vom Weltraum aus. Dagegen stellt Jörg Mückenhaupt fest, dass viele wichtige Forschungsergebnisse ohne die Bedingungen des Weltraums nicht möglich wären, da diese Bedingungen „auf der Erde nicht oder nur schwer nachzuahmen sind". Folglich passt Aussage 26 zu Text a.

**Zu 27 b:** Kolja Holl-Glander erkennt in der Raumfahrt, die für ihn keinesfalls eine sinnlose Geldverschwendung ist, eine Investition in die Zukunft. Seiner Meinung nach werden sich die Ausgaben also vor allem langfristig lohnen. Aussage 27 passt demnach zu Text b.

**Zu 28 0:** Jörg Mückenhaupt erwähnt die Meinung von Kritikerinnen und Kritikern der Raumfahrt: Auf der Erde gebe es genug Probleme, Raumfahrt sei deswegen nicht sinnvoll. Aber er rechtfertigt die hohen Kosten der Raumfahrt mit den wichtigen Forschungsergebnissen. Die Raumfahrt aufzugeben, kommt für ihn nicht infrage. Aussage 28 passt also nicht zu Text a. Kolja Holl-Glander stellt zwar in Text b die Frage, ob es nicht besser sei, die Raumfahrt aufzugeben und den Armen zu helfen. Allerdings verneint er diese Frage, da „die Raumfahrt keine sinnlose Geldverschwendung ist". Seiner Meinung nach kann man Forschung im Weltraum betreiben und gleichzeitig den Armen helfen, indem man die weltweiten Rüstungsausgaben reduziert und das dabei eingesparte Geld den Armen zur Verfügung stellt. Aussage 28 stimmt demnach auch nicht mit Text b überein. Da sich in Text c kein Hinweis auf Aussage 28 findet, ist sie keinem der drei Texte zuzuordnen.

**Zu 29 0:** Zwar thematisiert Jörg Mückenhaupt in Text a Lehrbücher. Dabei stellt er jedoch lediglich fest, dass Ergebnisse der Forschung im Weltraum weltweit in Lehrbüchern stehen. Dass die Weltraumforschung selbst zur Anfertigung von Lehrbüchern geführt hat, wird von Jörg Mückenhaupt nicht behauptet. Aussage 29 passt demnach nicht zu Text a, kann aber auch keinem der anderen beiden Texte zugeordnet werden.

**Zu 30 c:** Heike Blumenkämper stellt fest, dass Weltraumforschung vor allem („in erster Linie") für die Menschen auf der Erde gemacht wird und nicht für Wissenschaft. Im Zentrum steht also der Nutzen für die Menschen. Folglich passt Aussage 30 zu Text c.

## Hören

### Hören Teil 1

1 b, 2 c, 3 b, 4 c, 5 a, 6 a

**Zu 0 b:** Während im Text zu Buch 1 eine Essaysammlung mit Beiträgen aus der Zukunftsforschung sowie aus verwandten Disziplinen präsentiert wird, stellt der Text zu Buch 3 einen Bildband vor. Bei beiden Büchern handelt es sich demnach nicht um fiktionale Werke. Buch 2 wird mit „Thriller" explizit als fiktionales Werk gekennzeichnet. Deshalb passt zu Aussage 0 Buch 2.

**Zu 1 b:** Im Text zu Buch 2 werden „irritierende Untertöne" erwähnt, die sich in die Schilderung einer idyllischen Gesellschaft mischen. Es erzählt von Wissenschaftlern und Wissenschaftlerinnen, die diese „geringfügigen Unstimmigkeiten" untersuchen. Das entspricht der Aussage, dass in dem Buch das Aufdecken von irritierenden Unstimmigkeiten beschrieben wird, und deswegen passt hier Buch 2.

**Zu 2 c:** Buch 3 wird als „Bildband" bezeichnet. Weder im Text zu Buch 1 noch im Text zu Buch 2 werden Bildelemente erwähnt. Folglich passt Buch 3 zu Aussage 2.

**Zu 3 b:** In Buch 2 geht es um Wissenschaftler und Wissenschaftlerinnen, die Unstimmigkeiten in einer idyllischen Gesellschaft untersuchen. Diese Untersuchung wird als „die gemeinsame Aufgabe eines eingespielten Teams", die „zu einer Herausforderung für die Menschen in der Gruppe" wird, bezeichnet. Nur im Text zu Buch 2 wird das Zusammenspiel in einem Team erwähnt. Zwar werden im Text zu Buch 3 Designergruppen erwähnt, aber es wird keine Aussage über ihre Zusammenarbeit bzw. über ihre Beziehungen getroffen. Aus diesen Gründen passt hier Buch 2.

**Zu 4 c:** Buch 3 präsentiert laut Text sowohl Designlösungen, die „die Natur als Designerin [...] bietet" als auch „Visionen von Designergruppen" und „Spontandesigns [...] zu der Lösung von Alltagsproblemen". Es werden also nicht nur Beispiele aus der Natur, sondern auch solche aus Menschenhand vorgestellt. Deshalb passt hier Buch 3.

**Zu 5 a:** Über Buch 1 wird gesagt, dass „zu jedem Themenkomplex mindestes zwei Ansätze geboten“ werden. Da man in den Texten zu Buch 2 und Buch 3 nichts über verschiedene Blickwinkel erfährt, ist Buch 1 hier die richtige Lösung.

**Zu 6 a:** Wissenschaftlerinnen und Wissenschaftler stehen zwar im Zentrum von Buch 2. Jedoch erfahren wir nichts über die Fachgebiete dieser Wissenschaftlerinnen und Wissenschaftler. Im Text zu Buch 1 wird dagegen erwähnt, dass in der Essaysammlung kurze Beiträge aus dem Bereich der Zukunftsforschung „aus verwandten Disziplinen“ und damit aus verschiedenen Fachgebieten zusammengetragen wurden. Buch 1 passt folglich zu Aussage 6.

## Hören Teil 2

7 a, 8 a, 9 b, 10 c, 11 b, 12 c, 13 a, 14 b, 15 a

**Zu 7 a:** Dr. Ebersberg sagt, dass „mehr als die Hälfte“ der 8- bis 9-Jährigen und 82 % der 10- bis 11-Jährigen ein eigenes Smartphone haben. Die Aussage stimmt also.

**Zu 8 a:** Dr. Ebersberg spricht davon, dass „für die Elterngeneration ein Smartphone inzwischen unverzichtbarer Bestandteil des Alltagslebens ist“. Die Aussage ist demnach korrekt.

**Zu 9 b:** Dr. Ebersberg spricht sich nicht für ein grundsätzliches Verbot aus. Er sagt sogar, dass es keine „geeignete Lösung“ und „sogar kontraproduktiv“ ist, Kindern die Nutzung von Smartphones zu verbieten. Er plädiert vielmehr für ein langsames Heranführen der Kinder und für den Erwerb von Medienkompetenz als wichtige Voraussetzung. Folglich ist die Aussage falsch.

**Zu 10 c:** Dr. Ebersberg sagt nicht, dass Kinder, die gut schreiben können, sicher im Umgang mit dem Smartphone sind. Er sagt lediglich, dass Kinder zuerst schreiben lernen sollen, bevor sie ein Smartphone benutzen, um negative Folgen zu vermeiden. Somit wird zu Aussage 10 nichts gesagt.

**Zu 11 b:** Dr. Ebersberg sagt nicht, dass man Kindern möglichst früh ein Smartphone schenken soll. Kinder sollten seiner Meinung nach frühestens im Alter von 11 oder 12 Jahren ein Smartphone bekommen. Folglich stimmt die Aussage nicht.

**Zu 12 c:** Dazu wird nichts gesagt. Dr. Ebersberg sagt lediglich, dass man Kinder mit einem Anteil des Taschengeldes an den Kosten beteiligen soll, damit sie lernen, Verantwortung zu übernehmen.

**Zu 13 a:** Dr. Ebersberg ist zwar der Meinung, dass ein Smartphone durch verschiedene Sicherheitseinstellungen sehr gut gesichert werden kann, er betont aber, dass das für eine gefahrlose Nutzung nicht ausreichend ist: „Aber allein damit ist es natürlich nicht getan.“ Demnach ist die Aussage richtig.

**Zu 14 b:** Dr. Ebersberg betont das Gegenteil: Digitale Kommunikation bzw. „Kommunikation im Netz“ kann den direkten Kontakt mit anderen nicht ersetzen. Die Aussage ist folglich falsch.

**Zu 15 a:** Dr. Ebersberg betont, dass Eltern hinschauen, mit den Kindern sprechen und richtiges Verhalten vermitteln sollen. Die Eltern sollen also die Smartphone-Nutzung ihrer Kinder begleiten. Die Aussage stimmt also.

## Hören Teil 3

16 b, 17 c, 18 c, 19 a, 20 a, 21 a, 22 c, 23 b

**Zu 16 b:** Die Moderatorin weist darauf hin, dass in der letzten Zeit junge Menschen aufgefordert werden, zusätzlich zur staatlichen Rente privat vorzusorgen. Dies entspricht Antwortoption b und schließt gleichzeitig Antwortoption a aus, zumal auch noch von Warnungen vor Altersarmut berichtet wird. Die Moderatorin berichtet zudem, dass bis vor wenigen Jahren Politiker beteuerten (= versicherten), dass das staatliche Rentensystem stabil sei. Sie sagt jedoch nicht, dass Politiker meinen, das staatliche Rentensystem werde immer teurer. Somit ist auch Antwortoption c falsch.

**Zu 17 c:** Herr Gersfeld verweist darauf, dass sich die Rahmenbedingungen in den vergangenen Jahren stark verändert haben, und erwähnt die niedrigen Zinsen, die Sparer für ihre Geldanlagen bekommen und die sich auch auf die Rentenkassen auswirken. Allerdings sagt er nicht, dass die Geldanlagen der Rentenkassen unattraktiv geworden sind. Antwortoption a ist folglich nicht korrekt. Er sagt auch nicht, dass junge Menschen heutzutage weniger in die Rentenkassen einzahlen, sondern es sind immer weniger Arbeitnehmer, die in die Rentenkassen einzahlen. Damit ist auch Option b falsch. Als Hauptproblem für das Rentensystem identifiziert Herr Gersfeld den demographischen Wandel: Alterung der Bevölkerung, niedrige Geburtenrate. Die Folge ist, dass es immer weniger Arbeitnehmer gibt, die die Rente bezahlen, und immer mehr alte Menschen, die einen Anspruch auf Rente haben. Die Altersstruktur verändert sich also zu Ungunsten jüngerer Menschen und folglich ist Option c richtig.

**Zu 18 c:** Frau Ebeling warnt vor riskanten Geldanlagen. Deshalb ist Option a nicht korrekt. Über gängige Finanzrezepte, nach denen junge Menschen ihre Altersvorsorge gestalten sollen, sagt sie nichts, weshalb auch Option b falsch sein muss. Aber Frau Ebeling rät eindeutig dazu, sich frühzeitig um die Altersvorsorge zu kümmern: Junge Leute sollen nicht zögern und „früh anfangen, sich mit dem Problem zu beschäftigen“. Antwortoption c ist also korrekt.

**Zu 19 a:** Herr Gersfeld sagt nicht, dass das Angebot an privater Vorsorge zu groß ist. Antwortoption b ist demnach falsch. Er betont, dass jungen Menschen schon bewusst ist, dass die gesetzliche Rente nicht ausreichen wird. Auch Antwortoption c ist also falsch. Ein Grund dafür, dass junge Menschen nicht eigenständig für das Alter vorsorgen, ist für Herrn Gersfeld die Tatsache, dass jungen Leuten als Berufsanfänger oft die finanziellen Mittel dafür fehlen. Folglich ist Option a richtig.

**Zu 20 a:** Frau Ebeling erwähnt unterschiedliche Modelle der privaten Vorsorge, bei denen „der Staat noch Geld dazugibt". Die staatlich geförderte private Altersvorsorge gibt es also bereits, Frau Ebeling muss sie sich nicht mehr wünschen. Antwortoption c ist deshalb nicht richtig. Da Frau Ebeling betont, dass die jungen Menschen selbst die verschiedenen Modelle vergleichen und Angebote einholen müssen, ist auch Option b falsch. Frau Ebeling erklärt aber jungen Menschen, welche Faktoren bei der Rentenentwicklung eine Rolle spielen. Das entspricht Antwortoption a, die somit die passende Lösung ist.

**Zu 21 a:** Zu Herrn Gersfeld kommen junge Leute mit „recht konkreten Vorstellungen, was sie möchten". Es geht also nicht um seine Vorstellungen von den Erwartungen seiner Kunden, weshalb Option b nicht richtig ist. Auch Option c ist falsch. Denn Herr Gersfeld berät zwar, investiert aber nicht selbst. Herr Gersfeld berichtet über erfolgreiche Investitionen seiner Kunden in Aktienfonds und damit über positive Erfahrungen mit Wertpapieren. Antwortoption a ist demnach korrekt.

**Zu 22 c:** Frau Ebeling berichtet von der Idee eines bedingungslosen Grundeinkommens, über die in letzter Zeit verstärkt diskutiert wird. Da es dieses bedingungslose Grundeinkommen jedoch noch nicht gibt, ist Antwortoption a nicht korrekt. Auch Option b ist nicht richtig. Die betriebliche Altersvorsorge spielt in den Beratungen der Rentenkommission eine Rolle, es wird aber nicht gesagt, dass Menschen ohne ausreichende finanzielle Mittel später eine hohe Betriebsrente bekommen. Da die Moderatorin sagt, dass „sowohl die private Rentenvorsorge als auch die Anlage in Wertpapiere" nur bei Menschen, die über ausreichende Mittel verfügen, funktionieren, nicht aber bei Menschen mit geringem Einkommen, sind Menschen ohne ausreichende finanzielle Mittel nicht ausreichend für das Rentenalter abgesichert. Somit ist Option c korrekt.

**Zu 23 b:** Herr Gersfeld berichtet davon, dass in Norwegen oder Schweden der Staat für seine Bürger erfolgreich in Aktien- oder Immobilienfonds, die gute Renditen versprechen, investiert. Durch diese Investition in lukrative Geldanlagen wird die Rentenkasse gestützt. Aber es werden weder staatliche Gelder, mit denen sich die Bürger selbst Aktien kaufen können, noch eine staatliche Unterstützung für den Immobilienkauf erwähnt. Somit sind die Optionen a und c falsch und Option b ist richtig.

## Hören Teil 4

24 a, 25 c, 26 a, 27 a, 28 b, 29 a, 30 b

**Zu 24 a:** Die Definition von Lichtverschmutzung, die im Vortrag gegeben wird, bezieht sich zwar auf „manche Gebiete der Erde", aber es geht nicht darum, dass es in diesen Gebieten überhaupt nicht mehr dunkel wird. Damit ist Option c falsch. Die Definition besagt, dass es wegen des Einsatzes künstlicher Lichtquellen nicht mehr ganz bzw. völlig dunkel wird und künstliche Lichtquellen in diesen Gebieten die Nacht erhellen, also heller machen. Somit kann auch Option b, die das Gegenteil aussagt, ausgeschlossen werden und Option a ist korrekt.

**Zu 25 c:** Im Text wird zwar das Wort „ungebremst" erwähnt, es gehört aber nur zur Beschreibung der „Lichtquellen, die das Licht ungebremst nach oben abstrahlen". Dass sich nach oben abstrahlendes Licht ungebremst am Himmel verteilt, wird im Text nicht gesagt. Option a ist demnach falsch. Auch Option b kann ausgeschlossen werden: Es geht nicht um die Störung von Tieren bei der Nachtruhe, also beim Schlafen. Nach oben abstrahlendes Licht stört nachtaktive Tiere, also Tiere, die nachts aktiv sind und tagsüber schlafen. Im Text wird jedoch festgestellt, dass Lichtquellen, die das Licht ungebremst nach oben abstrahlen, Verkehrsteilnehmerinnen und Verkehrsteilnehmer blenden können. Dadurch kann es natürlich zu Verkehrsunfällen kommen. Folglich erhöht sich durch nach oben abstrahlendes Licht die Unfallgefahr und Option c ist richtig.

**Zu 26 a:** Dass Insekten in der Nacht aktiv sind, ist keine Auswirkung der Lichtverschmutzung. Im Text wird insbesondere von der Auswirkung der Lichtverschmutzung auf die nachtaktiven Insektenarten berichtet, aber nicht behauptet, dass die Zahl nachtaktiver Insekten zugenommen hat. Deshalb kann Option b ausgeschlossen werden. Auch Option c ist nicht korrekt. Dass Nachtinsekten von künstlichen Lichtquellen angezogen werden, ist ebenfalls keine Folge der gegenwärtigen Lichtverschmutzung, sondern wird im Text als Alltagsphänomen bezeichnet. Laut Text „trägt die Lichtverschmutzung durch immer mehr künstliches Licht zu einem nicht unerheblichen Maße zum Insektensterben – vor allem der nachtaktiven Insekten – bei". Lichtverschmutzung führt also dazu, dass es immer weniger Insekten gibt. Antwortoption a ist die korrekte Antwort auf Frage 26.

**Zu 27 a:** Im Text wird zwar als eine negative Folge der Lichtverschmutzung erwähnt, dass Bäume in Großstädten ihre Blätter später verlieren und es deshalb zu Frostschäden an den Bäumen kommen kann. Allerdings steht dieser Effekt nicht im Zusammenhang mit der Zucht von Pflanzen. Deshalb kann Option c ausgeschlossen werden. Auch Option b ist nicht richtig. Zwar wird im Text berichtet, dass künstliche Lichtquellen die Wachstumszyklen von Pflanzen beeinflussen. Allerdings ist dieser Effekt „gerade bei der Zucht [...] von Nahrungspflanzen erwünscht", denn Pflanzen wachsen schneller, wenn sie künstlich beleuchtet werden. Künstliche Beleuchtung führt also nicht zu Wachstumsproblemen, sondern fördert das Wachstum. Somit ist Option a korrekt.

**Zu 28 b:** „Hobbysterngucker", also Amateurastronomen, werden im Text zwar erwähnt, allerdings wird nicht behauptet, dass astronomische Forschung wegen der Lichtverschmutzung bald nur noch als Hobby möglich sein wird. Option a ist also falsch. Ebenso stimmt auch Option c nicht. Denn laut Text werden astronomische Beobachtungen sowohl in Großstädten als auch in deren Umgebung immer schwieriger, weil es dort nicht dunkel genug ist. Wie im Text berichtet wird, wird es zusehends unmöglich, Orte auf der Erde zu finden, an denen es dunkel genug für astronomische Forschung ist. Dadurch kann die astronomische Forschung stark erschwert und langfristig („auf lange Sicht") unmöglich werden. Deshalb stimmt die Aussage von Option b.

**Zu 29 a:** Laut Text macht Licht Gefahrenstellen erkennbar. Da Option b das Gegenteil davon aussagt, ist diese Option falsch. Auch Option c ist nicht korrekt. Zwar wird das Wort „überflüssig" im Text erwähnt, allerdings wird berichtet, dass bis jetzt niemand ausgerechnet hat, „wie viel der nächtlichen Beleuchtung überflüssig ist", und dass dies auch nur schwer feststellbar ist. Es wird jedoch nicht behauptet, dass nächtliche Beleuchtung oftmals überflüssig ist, zumal auch die positiven Aspekte der nächtlichen Beleuchtung erwähnt werden. Da im Text festgestellt wird, dass die nächtliche Beleuchtung „eine gigantische Energieverschwendung" darstellt, ist Antwortoption a richtig.

**Zu 30 b:** Ziel ist nicht, dass die Menschen wieder Abenteuer in der Dunkelheit erleben können. Wenn die Lichtverschmutzung reduziert wird, dann können die Menschen die Nacht bzw. das „Abenteuer Nacht" wieder richtig erleben. Antwortoption a ist also falsch. Auch Option c stimmt nicht. Denn die Lichtplanung soll nicht durch den Staat erfolgen, sondern das Thema Lichtverschmutzung soll bei der Planung der Beleuchtung für staatliche und für private Vorhaben mit einbezogen werden. Als Ziel wird im Text jedoch genannt, dass „ein Problembewusstsein für diese Art der Umweltverschmutzung" geschaffen werden soll. Dies entspricht der Aussage von Option b, die folglich richtig ist.

## Modelltest 1

**Track 1**

### Hören Teil 1

Sie hören eine Radiosendung über neue Podcasts. Sie hören den Text einmal. Wählen Sie bei jeder Aufgabe, zu welchem Podcast die Aussage passt. Lesen Sie jetzt die Aufgaben 1 bis 6. Dazu haben Sie 60 Sekunden Zeit.

Liebe Hörerinnen und Hörer, willkommen zu unserer wöchentlichen Podcast-Empfehlung „Es gibt was auf die Ohren". Wie immer am Montagabend stellen wir Ihnen unsere Lieblingspodcasts für die nächste Woche vor.

In unserer ersten Empfehlung „O-Ton aus dem Paradies" werden Sie zu *dem* Sehnsuchtsort mitgenommen. Wie der Titel schon vermuten lässt, entführt die atmosphärisch und klanglich sehr dicht gewobene Reportage in eines der letzten Paradiese dieser Welt – auf eine der vielen Südseeinseln, die schon Gauguin als exotische Gegenwelt in seinen Bildern verewigte. Aber wie auch schon Gauguin erkennen musste, dass seine Vorstellung vom Paradies nicht der kolonialen Realität entsprach, ist auch der Podcast keineswegs ein Hör-Reiseprospekt für ein Traumziel. Aus vielen Beiträgen wie auch aus den Kommentaren und Beschreibungen der durch die Reportage führenden Klimaaktivistin und Meeresbiologin ergibt sich eine bedrohte, fragile Welt. Der Podcast zeichnet eine Gesellschaft, deren Wert weit über den als Urlaubsparadies hinausgeht. Den stärksten Eindruck – und den stärksten Antrieb zum Engagement für diese Welt – hinterlassen aber die vielen verschiedenen Schilderungen der alltäglichen Schönheit dieser Atolle durch ihre Bewohner und Bewohnerinnen.

Einen ganz anderen Weg – entschuldigen Sie bitte diesen Wortwitz – geht der zweite Podcast: „Tausende Schritte" ist ein persönliches und sehr intimes Hör-Reisetagebuch des – wie er sich selbst bezeichnet – Naturpilgers Reinmar Wegorst. Wir begleiten ihn bei seiner Erkundung des längsten Küstenwanderwegs der Welt und lauschen seinen Eindrücken, Kämpfen und Erkenntnissen. Wer aber jetzt Anekdotisches über die britischen Inseln und die alltäglichen Beschwernisse einer Fußwanderung erwartet, sei gewarnt. Es handelt sich bei dem Podcast vielmehr um eine eindrückliche und zeitweise durchaus beklemmende Schilderung der überwältigenden Macht und auch Schönheit der Natur und der Elemente. Wenn man sich auf die wortgewaltige Unmittelbarkeit der Erfahrungen, Empfindungen und Erlebnisse des Naturpilgers Wegorst einlässt, geht man allerdings auf eine Reise, an deren Ende ein in unserer Zivilisation oft vergessener Respekt vor der rohen Gleichgültigkeit der Natur steht – aber auch eine neue Einsicht in die Einfachheit der essentiellen Bedürfnisse der Menschheit.

Unsere dritte Empfehlung mit dem trockenen Titel „Nachhaltiger Tourismus" ist ein kurzweiliger und informativer Einblick in die Geschichte des Tourismus, der als ein „nachhaltiges" Vergnügen der Reichen begann und nach über einem Jahrhundert der Demokratisierung – und damit natürlich auch der Probleme des Massentourismus, zu dem diese Erschwinglichkeit von Urlaubsreisen führte – zu einer neuen Nachhaltigkeit finden muss. Wir erhalten anhand der Geschichte einzelner Traumziele nicht nur einen neuen Blick auf die Geschichte des ausgehenden 19. und 20. Jahrhunderts jenseits von Kriegen und großen Daten, wir erhalten auch einen entlarvenden, aber doch immer amüsanten Einblick in die europäische Verfasstheit und den immer stärker werdenden Drang zu einem gelungenen und prestigereichen Urlaub.

Wir schicken Sie also diese Woche auf die Reise – erholen Sie sich und bis nächste Woche!

**Track 2**

### Hören Teil 2

*Sie hören ein Radiointerview mit einer Persönlichkeit aus der Wissenschaft.*
*Sie hören den Text zweimal. Wählen Sie bei jeder Aufgabe die richtige Lösung.*
*Lesen Sie jetzt die Aufgaben 7 bis 15. Dazu haben Sie 60 Sekunden Zeit.*

***Moderator:***
Herzlich willkommen zu unserer Sendereihe „Kontroverses im Blick". Heute begrüße ich in unserem Studio Frau Dr. Simone Frentzen, Sozialwissenschaftlerin, die sich seit Langem sehr intensiv mit Themen wie Freiwilligendienste junger Menschen sowie verpflichtende soziale Dienste auseinandersetzt.
Frau Dr. Frentzen, ich möchte mit Ihnen gleich mitten ins Thema mit der Frage einsteigen, welche Position Sie in der derzeit wieder sehr kontrovers geführten Diskussion zum Thema eines verpflichtenden sozialen Jahres für unsere jungen Menschen einnehmen. Befürworten Sie es?

***Dr. Frentzen:***
Diese Frage lässt sich nicht so einfach mit einem eindeutigen Ja oder Nein beantworten, denn es gibt sehr plausible Argumente für beide Seiten.

***Moderator:***
Was sind denn die Hauptargumente dagegen?

***Dr. Frentzen:***
Es werden zuallererst juristische Hürden aufgezeigt, die auch nicht ohne Weiteres vom Tisch gewischt werden sollten. Die Mütter und Väter unseres Grundgesetzes haben zu Recht außerordentlich hohe Hürden aufgebaut, als es darum ging, Bürgerinnen und Bürger mit staatlichen Zwangsdiensten zu konfrontieren. Das resultiert natürlich in erster Linie aus der deutschen Vergangenheit und ist sehr gut nachvollziehbar.
Das Grundgesetz rechtfertigt einzig die Notwendigkeit der Landesverteidigung und damit die Wehrpflicht bzw. den sozialen Zivildienst. Für ein allgemein

verpflichtendes soziales Jahr müsste der entsprechende Artikel im Grundgesetz geändert werden und dafür bedarf es bekanntlich einer Zweidrittelmehrheit des Bundestags und des Bundesrats. Trotzdem darf es aufgrund der vielen zukünftigen Herausforderungen an unsere Gesellschaft kein Denkverbot geben.

*Moderator:*
Die allgemeine Wehrpflicht und somit auch der Ersatzdienst wurden 2011 nach langen und sehr kontroversen Debatten außer Kraft gesetzt und nicht wenige Politikerinnen und Politiker sehen das heute als Fehlentscheidung an. Wäre denn nicht jetzt der geeignete Zeitpunkt, dies dadurch zu revidieren, dass man ein obligatorisches soziales Jahr für all die einführt, die sich nicht bei der Bundeswehr verpflichten?

*Dr. Frentzen:*
Der Schutz der Bürgerinnen und Bürger vor willkürlichen Eingriffen des Staates in seine Lebensplanung ist ein sehr hohes politisches Gut, das völlig zurecht in der Verfassung verankert ist. Dies aufzubrechen hätte weitreichende Folgen und will sehr wohl überlegt sein. Meiner Meinung nach gibt es grundsätzlich nichts gegen Pflichten und einen verpflichtenden sozialen Einsatz einzuwenden, aber er muss gut begründet sein. Und das funktioniert nur, wenn er nicht nur für die Gemeinschaft, sondern auch für den Einzelnen einen Sinn ergibt. Er sollte sich in die individuelle Biografie und Lebensplanung sinnvoll einfügen.

*Moderator:*
Was würde das denn praktisch bedeuten?

*Dr. Frentzen:*
Es wäre beispielsweise denkbar, dass alle, die einen Beruf erlernen möchten, in dem sie später mit Menschen zu tun haben, berufs- oder studienvorbereitende soziale Praktika absolvieren. Das könnten Lehrer, Mediziner oder Sozialpädagogen sein. Hier macht Pflicht Sinn, für die Berufsaspiranten, für die ihnen später anvertrauten Menschen und für die Gemeinschaft.

*Moderator:*
Und sehen Sie noch andere Vorteile?

*Dr. Frentzen:*
Durchaus. Es könnte dazu beitragen, sozialen Zusammenhalt in unserer auseinanderdriftenden modernen Gesellschaft und sogar innerhalb Europas zu festigen oder zu erneuern. Praktisch könnte das bedeuten, dass es gute Wahlmöglichkeiten zwischen verschiedenen sinnvollen, gemeinnützigen Tätigkeiten gibt, die auch korrekt bezahlt werden.

Und man könnte das verpflichtende soziale Jahr in ganz Europa leisten. So betrachtet könnte es etwas völlig anderes und Neues werden als der ehemals national beschränkte Zivildienst der vergangenen Jahrzehnte.

*Moderator:*
Und sehen Sie auch ganz praktische Gründe?

*Dr. Frentzen:*
Einen praktischen Grund sehe ich auf jeden Fall. Die jüngsten Bildungsreformen in Deutschland haben dazu geführt, dass immer jüngere Schulabgänger einer zunehmend komplexen Wirklichkeit gegenüberstehen. Viele Abiturienten haben mit 17 oder 18 Jahren noch überhaupt keine Vorstellung davon, was für einen Berufsweg sie einschlagen wollen. Hier könnte ein gut organisiertes soziales Jahr in Europa durchaus hilfreich sein.

*Moderator:*
Was wäre denn für unsere Hörerinnen und Hörer Ihr abschließendes Fazit?

*Dr. Frentzen:*
Wir sollten über alle Möglichkeiten weiter nachdenken, aber grundsätzlich sollten wir weiter auch auf Freiwilligkeit setzen. Wir brauchen in den Pflegeheimen, Kindergärten oder Einrichtungen für Menschen mit Behinderung hochmotivierte junge Leute mit echtem Interesse an ihrer Arbeit und den Menschen. Nur dann wird der Einsatz auch der sozialen Verantwortung gerecht werden können, die wir für die häufig hilfebedürftigen Menschen in den Einrichtungen haben.

**◀) Track 3**

## Hören Teil 3

*Sie hören ein Gespräch mit mehreren Personen über den Fachkräftemangel.*
*Sie hören den Text in vier Abschnitten jeweils einmal.*
*Zu jedem Abschnitt gibt es zwei Aufgaben. Wählen Sie bei jeder Aufgabe die richtige Lösung.*
*Vor dem Hören eines Abschnitts haben Sie 30 Sekunden Zeit, um die zwei Aufgaben zu lesen.*
*Lesen Sie jetzt die Aufgaben 16 und 17.*

*Moderator:*
Herzlich willkommen zur heutigen Ausgabe unseres aktuellen Berufstalks mit den Gästen Mariella Ebner-Perrotti, Soziologin aus Erfurt, und Herrn Dr. Jens Osterholz vom Institut der deutschen Wirtschaft.
Wir möchten uns heute dem Thema Fachkräftemangel widmen, denn es vergeht ja kaum ein Tag ohne alarmierende und beunruhigende Informationen in allen Medien.
Frau Ebner-Perrotti, müssen wir tatsächlich das befürchten, was da so prognostiziert wird: demnächst Regale in den Supermärkten, die leer bleiben, weil es nicht mehr genügend Fahrer gibt, die die Waren an ihre Bestimmungsorte bringen? Oder kaum noch Pflegekräfte, die in unseren Krankenhäusern arbeiten?

*Frau Ebner-Perrotti:*
Ich glaube nicht, dass uns jetzt Alarmismus weiterhilft, aber die Fakten sollten uns in der Tat zu schnellem Handeln veranlassen: Nicht nur im Transport- oder im Gesundheitswesen zeigt sich bereits ein deutlicher Mangel an Fachkräften; betroffen sind ein Großteil der Ausbildungsberufe in Bereichen wie Elektronik, Anlagemechanik im Sanitär-, Heizungs- und Klimabereich, um nur ein paar Beispiele zu nennen.

*Moderator:*
Herr Dr. Osterholz, Sie sind ja täglich in Kontakt mit zahlreichen Wirtschaftsunternehmen. Wie schätzen Sie die Lage ein?

***Dr. Osterholz:***
Der Mangel betrifft ja keineswegs nur die Ausbildungsberufe. Unternehmen beklagen in vielen Wirtschaftsbranchen auch einen Mangel an Fachkräften in Berufen mit akademischer Ausbildung, vorwiegend im Bereich der MINT-Fächer, also Mathematik, Informatik, Naturwissenschaften und Technik.

*Lesen Sie jetzt die Aufgaben 18 und 19.*

***Moderator:***
Soweit ich weiß, ist die Zahl der Studierenden in den MINT-Fächern in den vergangenen Jahren doch stetig gestiegen.

***Dr. Osterholz:***
Das ist schon richtig, aber es reicht bei Weitem nicht aus, den demografischen Wandel in unserer schnell alternden Gesellschaft zu kompensieren. Schon jetzt ist der Fachkräftemangel nicht mehr zu übersehen. Bewährte Kräfte gehen reihenweise in den Ruhestand und der Nachwuchs kann das nicht ausgleichen. Und es braucht noch Zeit, bis die Studierenden ins Berufsleben einsteigen können.

***Moderator:***
Und welche Lösungsstrategien könnten da hilfreich sein?

***Frau Ebner-Perrotti:***
Ein Patentrezept wird es da nicht geben. Es braucht jetzt ein Bündel an ganz unterschiedlichen Maßnahmen, da man ja auch in der Politik zu lange tatenlos zugesehen hat, obwohl es seit Jahren genügend Studien gab, die diese Entwicklung eindeutig belegen. Man hört ja immer wieder von Politikern, man könne den Bedarf durch gezielte Zuwanderung decken. Da bin ich aus mehreren Gründen eher skeptisch. Ein Allheilmittel kann es nicht sein und es wird sicher nicht ausreichen.

*Lesen Sie jetzt die Aufgaben 20 und 21.*

***Moderator:***
Und wie sehen Sie das, Herr Osterholz?

***Dr. Osterholz:***
Natürlich können durch qualifizierte Zuwanderung z. B. Lücken in der Pflege geschlossen werden. Allerdings ist das eine langfristige Aufgabe, die sich nicht von heute auf morgen erledigen lässt, denn ohne ausreichende Sprachkenntnisse funktioniert das nicht. Sie sind eine zwingende Voraussetzung für das Land, in dem man eine Ausbildung machen und arbeiten möchte, und das ist selbst mit Vorkenntnissen ein recht langwieriger Prozess.

***Frau Ebner-Perrotti:***
Ich sehe zudem das große Problem des sogenannten „Braindrain", d. h. qualifizierte junge Menschen werden abgeworben und in ihren Herkunftsländern fehlen dann dringend benötigte Arbeitskräfte. Einige Länder haben ja bereits ein Anwerbeverbot ausgesprochen. Aber auch für Länder, die keinen expliziten Anwerbestopp haben, sehe ich es kritisch, wenn die jungen Arbeitskräfte abwandern. Denn sie werden dann in ihren Herkunftsländern fehlen. Und die Wenigsten werden in ihre Herkunftsländer zurückkehren, wenn das Lohngefälle so bleibt wie es derzeit ist.

***Moderator:***
Und welche Lösungen sehen Sie für diese Herausforderungen? Denn die Situation verschärft sich zusehends und der Handlungsbedarf ist offensichtlich. Dazu muss man sich nur die Zahlen der unbesetzten Ausbildungsstellen anschauen.

***Dr. Osterholz:***
Ich denke, es bedarf einer Mischung aus qualifizierter Zuwanderung und attraktiver dualer Berufsausbildung an Fachhochschulen oder vergleichbaren Ausbildungsstätten.

Gezielte Zuwanderung für die duale Berufsausbildung sollte ebenso beworben und gefördert werden wie der Studienstandort Deutschland.

*Lesen Sie jetzt die Aufgaben 22 und 23.*

***Frau Ebner-Perrotti:***
Oft tragen ja auch die öffentlichen oder privaten Arbeitgeber selbst dazu bei, dass sie ihre offenen Stellen nicht besetzt kriegen. Wenn man sich Bezahlung und Arbeitszeiten von Pflegepersonal anschaut, ist es nicht verwunderlich, dass immer mehr Stellen unbesetzt bleiben. Und es ist ja keineswegs nur der Pflegesektor. Ein Feinmechaniker beispielsweise erhält im ersten Ausbildungsjahr zwischen 520 und 768 Euro. Auch abseits der Ballungszentren kann man damit kaum über die Runden kommen.

***Dr. Osterholz:***
Schon heute gehört Deutschland zu den Ländern mit den höchsten Lohnkosten in Europa. Wir liegen da im Gegensatz zu Süd- und Osteuropa auf den vorderen Rängen. Wenn wir weiterhin unsere hohen Qualitätsstandards beibehalten wollen, dann können wir nicht unbegrenzt Löhne und Gehälter erhöhen.

***Frau Ebner-Perrotti:***
Die Löhne und Gehälter sind ein Aspekt, aber es wird künftig auch immer wichtiger, qualifizierte Arbeitskräfte zu binden. Und neueste Forschungen haben ergeben, dass die Vereinbarkeit von Familie und Beruf und somit flexiblere Arbeitszeiten und betrieblich geförderte Kinderbetreuung eine ebenso große Rolle spielen wie ein angemessenes Gehalt.

***Moderator:***
Das Thema wird uns wohl noch länger beschäftigen und wir dürfen gespannt sein, welches die richtigen Strategien sein werden, um unsere Wirtschaft zukunftssicher zu machen.

**Track 4**

## Hören Teil 4

*Sie hören einen Vortrag über die Pockenimpfung.*
*Sie hören den Text zweimal. Wählen Sie bei jeder Aufgabe die richtige Lösung.*
*Lesen Sie jetzt die Aufgaben 24 bis 30. Dazu haben Sie 90 Sekunden Zeit.*

Sehr geehrte Damen und Herren, willkommen zu meinem Vortrag!
Ich möchte Ihnen die erste – und bis heute erfolgreichste – Impfkampagne der Neuzeit vorstellen: die Impfung gegen die Pocken. Die Entwicklung des Pockenimpfstoffs, die ersten Reihenimpfungen, die Diskussion um Impfpflicht und Nebenwirkungen der Impfung und nicht zuletzt der lange – und beendete – Weg zu einer pockenfreien Welt kann hier als ein Beispiel für eine geglückte Impfkampagne gelten. Die Pockenimpfung war der Anfang vom Ende der Krankheit, die man auch als Variola bezeichnet. Zuvor hatten die Pocken jahrtausendelang gewütet und die Menschheit lange als eine gefährliche und hoch ansteckende Infektionskrankheit begleitet.
Erste Versuche, sich gegen diese Krankheit zu schützen, gab es schon sehr früh. Schon in chinesischen Texten des 16. Jahrhunderts wird die sogenannte Variolation erwähnt, also die vorbeugende Ansteckung mit geringen Mengen von Variolaviren – ein Impfverfahren, das jedoch mit großen Risiken und einer relativ hohen Todesrate verbunden war.
Eine zweite – ungefährlichere – Art der Immunisierung erreichte man durch eine bewusste Infektion mit Kuhpockenviren, die zwar mit den Variolaviren eng verwandt, aber für den Menschen eher harmlos sind. Diese so genannte Vakzination, benannt nach „vacca“, dem lateinischen Namen für Kuh, war eine medizinisch ungleich risikoärmere Impfmethode gegen die echten Pocken. Mehrere Ärzte hatten nämlich – ungefähr zur gleichen Zeit im späten 18. Jahrhundert – bemerkt, dass eine überstandene Infektion mit den Kuhpocken gegen eine Variolainfektion schützte. In der Folge hat der Begriff Vakzination Eingang in viele Sprachen gefunden und dem Impfen beziehungsweise den Impfstoffen allgemein den Namen gegeben.
Nach der erfolgreichen Durchführung einer Impfkampagne in Wien um die Jahrhundertwende zum 19. Jahrhundert wurde in vielen Ländern schon im ersten Jahrzehnt des 19. Jahrhunderts eine Impfpflicht eingeführt, so zum Beispiel in Bayern im August 1807. Eine Impfpflicht im gesamten Deutschen Reich gab es allerdings erst knapp 70 Jahre später im Jahr 1874, nach einem großen Pocken-Ausbruch im Jahr 1871, bei dem 180.000 Menschen starben.
Die Pockenimpfung rief – trotz aller Erfolge – prompt auch Impfgegner auf den Plan und Falschinformationen machten die Runde. So verbreitete sich rasch das Gerücht, der Impfstoff verwandle Menschen in Kühe. Und die sich formierenden Impfgegner behaupteten – neben dem Hinweis auf die Gesundheitsrisiken, die mit der Impfung verbunden seien –, die Impfung bzw. die Impfpflicht sei ein Eingriff in die persönliche Freiheit oder ein Eingriff in die Schöpfung Gottes beziehungsweise in die Natur. Meistens ging es dabei aber nicht um gerechtfertigte Bedenken, sondern um eine Auseinandersetzung von Weltanschauungen. So schrieben in der Zeitung „Der Impfgegner“ Laien, aber auch Anhänger der Naturheilkunde gegen die Pockenimpfung und die Impfpflicht an.
Auch wenn die Pockenimpfung als eine der gefährlichsten Impfungen der Welt galt und immer noch gilt und das Risiko, durch sie einen Impfschaden zu erleiden, deutlich höher war als andere Impfungen der Gegenwart, überwogen doch die Vorteile bei Weitem. Aber das Erstarken der Impfgegner und ihre Öffentlichkeitsarbeit führten doch dazu, dass die Impfbereitschaft in der ersten Hälfte des 20. Jahrhunderts stark nachließ. Die Impfpflicht wurde deshalb in den meisten Ländern erst in der zweiten Hälfte des 20. Jahrhunderts aufgehoben, in der Bundesrepublik Deutschland beispielsweise im Jahr 1976. Allerdings mit einem Erfolg: Die Pocken gelten heutzutage dank der weltweiten Impfkampagne als ausgerottet und damit die Welt als pockenfrei. Nur in zwei Hochsicherheitslaboren werden offiziell noch Pockenviren aufbewahrt. Auch wenn die Argumentation, dass man sie braucht, um Impfstoffe zu testen, nicht mehr stichhaltig erscheint, werden sie doch zu weiterer Forschung behalten.
Im Gegensatz zu dem Erfolg der Pockenimpfung hat die Weltgemeinschaft ihr nächstes großes Ziel, die Ausrottung der Polioerkrankung – auch Kinderlähmung genannt – noch nicht erreicht. Erinnern wir uns anhand des Beispiels der Pockenimpfung daran, dass auch dieses Ziel erreichbar sein sollte.

## Modelltest 2

**◀) Track 5**

### Goethe-Zertifikat C1, Simulation Hören

*Das Modul Hören hat vier Teile. Sie hören mehrere Texte und lösen Aufgaben dazu. Lesen Sie jeweils zuerst die Aufgaben und hören Sie dann den Text dazu.*
*Für jede Aufgabe gibt es nur eine richtige Lösung. Nach dem Hören haben Sie drei Minuten Zeit, Ihre Lösungen auf den Antwortbogen zu übertragen. Es werden nur die Lösungen und Texte auf dem Antwortbogen bewertet. Bitte schreiben Sie mit einem blauen oder schwarzen Stift.*

*Das Audio wird jetzt gestoppt. Wenn Sie noch Fragen haben, stellen Sie diese bitte jetzt.*
*Während der Prüfung ist das nicht mehr möglich.*

### Hören Teil 1

*Sie hören einen Podcast über neue Bücher.*
*Sie hören den Text einmal. Wählen Sie bei jeder Aufgabe, zu welchem Buch die Aussage passt.*
*Lesen Sie jetzt die Aufgaben 1 bis 6. Dazu haben Sie 60 Sekunden Zeit.*

Liebe Hörerinnen und Hörer, willkommen bei der heutigen Ausgabe meines Podcasts „Leselaune“. Wie in jeder Ausgabe habe ich zu einem Themenbereich drei absolut lesenswerte Neuerscheinungen ausgewählt.

Beginnen möchte ich mit der Essaysammlung „Heute beginnt die Zukunft“, herausgegeben von Dr. Henrike Wageras. Für diesen Sammelband konnte sie kurze Beiträge von international renommierten Zukunftsforschern und -forscherinnen sowie aus verwandten Disziplinen zusammentragen. Die pointierten Kurzessays sind durchaus lesbar, wenn auch anspruchsvoll, und sie bieten einen differenzierten Einblick in die Bereiche der Zukunftsforschung. Von künstlicher Intelligenz über globale Klimagerechtigkeit bis zur Problematik der dienenden Maschinen spannt sich ein Bogen aus Denkanstößen, philosophischen Betrachtungen, rechtlichen Differenzierungen und anthropologischen Analysen. Dabei werden zu jedem Themenkomplex mindestens zwei Ansätze geboten, die in kurzen Einleitungstexten in den Kontext der aktuellen Forschung gestellt werden und die Grundlage für eine eigene Positionierung bieten können. Wenn Sie sich öfter fragen, wie die Welt von morgen verantwortungsvoll gestaltet werden kann und welche moralischen Fragen man für eine im umfassenden Maße menschliche Zukunft stellen – und beantworten – muss, ist das ein Buch für Sie.

Der Thriller „Gescannt“ von Ephraim Niederburger katapultiert uns in eine Welt im vierten Jahrtausend. Wir finden uns in einer idyllischen Gesellschaft, die alle unsere Befürchtungen über eine düstere Zukunft verneint. In die Schilderung dieser Welt aus Harmonie und Kooperation mischen sich aber irritierende Untertöne. Wir begleiten Wissenschaftler und Wissenschaftlerinnen, die Beobachtenden genannt, bei ihrer Untersuchung dieser geringfügigen Unstimmigkeiten. Was als die gemeinsame Aufgabe eines eingespielten Teams beginnt, wird schnell zu einer Herausforderung für die Menschen in der Gruppe wie auch für ihre Forschungen. Es entwickelt sich ein zeitloses Drama um Scheitern, menschliche Schwäche und Mut, hinter dem das zusehends dystopisch werdende Setting unwichtig wird. Packend geschrieben und voller unerwarteter Wendungen haben wir hier die passende Lektüre für einen grauen Wintersonntag.

In dem Bildband „Design der Zukunft – Zukunft in Designs“ haben wir weitaus mehr als ein Coffee Table Book zum gelegentlichen Blättern und Genießen. In dieser klug und überraschend zusammengestellten Sammlung von zukunftsträchtigen Designvorschlägen und Lösungen findet man Anregungen für große und nebensächliche Fragen der heutigen Welt. Von den Lösungen, die die Natur als Designerin für das Überleben und die Weiterentwicklung aller Spezies bietet, über die großen Visionen von Designergruppen bis zu erstaunlich eleganten und erhellenden Spontandesigns, die zu der Lösung von Alltagsproblemen ein- oder auch nur aufgefallen sind, zeigt dieses Buch den ganzen Einfallsreichtum des Lebens auf der Erde. So schenkt es uns nicht nur Hoffnung auf zukünftige Lösungen, sondern auch einen Einblick in die Ideenvielfalt der Welt.

Ich wünsche Ihnen erhellende Ideen und spannende Lesestunden – bis nächste Woche!

*Ende Teil 1*

## Hören Teil 2

*Sie hören ein Radiointerview mit einer Persönlichkeit aus der Wissenschaft.*
*Sie hören den Text zweimal. Wählen Sie bei jeder Aufgabe die richtige Lösung.*
*Lesen Sie jetzt die Aufgaben 7 bis 15. Dazu haben Sie 60 Sekunden Zeit.*

***Moderatorin:***
Ich begrüße alle unsere Hörerinnen und Hörer herzlich zur heutigen Sendung „Was uns betrifft“ und ganz besonders Herrn Dr. Sören Ebersberg, renommierter Medienforscher aus Braunschweig.
Ich möchte mit ihm über das vieldiskutierte Thema „Brauchen Kinder ein Smartphone“ sprechen.

***Dr. Ebersberg:***
Ich würde gern mit ein paar Zahlen ins Thema einsteigen: In der Altersgruppe der 6- bis 7-Jährigen benutzen 78 % bereits regelmäßig ein Tablet. Von den 8- bis 9-Jährigen besitzt schon mehr als die Hälfte ein eigenes Smartphone, unter den 10- bis 11-Jährigen sind es bereits 82 % und ab 12 Jahren erreicht die Quote 97 %.

***Moderatorin:***
Ist denn während der letzten Jahre eine steigende Tendenz zu beobachten?

***Dr. Ebersberg:***
Die Zahlen haben sich in den letzten Jahren stark nach oben entwickelt und ein Grund dafür ist die fortschreitende Digitalisierung unserer Gesellschaft, was dann auch mit sich bringt, dass für die Elterngeneration ein Smartphone inzwischen unverzichtbarer Bestandteil des Alltagslebens ist.

***Moderatorin:***
Und so wie es aussieht, wird sich diese Entwicklung künftig noch beschleunigen. Aber was bedeutet das für unsere Kinder? Wo liegt der Nutzen und welche Gefahren bringt diese Entwicklung mit sich?

***Dr. Ebersberg:***
Die Entwicklung lässt sich nicht mehr umkehren, Smartphones sind nun mal aus unserem Leben auch in Zukunft nicht mehr wegzudenken und ein Verbot für die Kinder sehe ich nicht als geeignete Lösung. Einem Kind jegliche Handynutzung zu untersagen, halte ich sogar für kontraproduktiv. Der empfohlene Weg ist aus meiner Sicht der richtige Umgang und somit der frühe Erwerb von Medienkompetenz und das langsame Heranführen der Kinder an das Thema.

***Moderatorin:***
Wie sollen die Eltern das langsame Heranführen in der Praxis bewerkstelligen?

***Dr. Ebersberg:***
Ich mache das gern an einem Beispiel deutlich. Untersuchungen haben ergeben, dass der Umgang mit dem Smartphone die Feinmotorik maßgeblich beeinflusst. Um negative Auswirkungen zu verhindern, muss deshalb ein Kind zuerst lernen, einen Stift zu halten und zu schreiben, bevor es lernt, das Smartphone zu benutzen. Und das bedeutet zwingend, dass ein Smartphone nicht in Kinderhände gehört, bevor das Kind sicher schreiben kann, um die psychomotorische Entwicklung des Kindes nicht zu gefährden.

*Moderatorin:*
Also liegt die Lösung darin eine Altersgrenze zu beachten?

*Dr. Ebersberg:*
Das Entscheidende ist für mich einerseits der richtige Zeitpunkt, dem Kind diesen Wunsch zu erfüllen und andererseits das Erarbeiten von Regeln für den Umgang mit dem Gerät. Mit 11, 12 Jahren hat ein Kind in der Regel genug Erfahrung und Verantwortung, um mit den meisten Funktionen eines Smartphones umgehen zu können.

*Moderatorin:*
Und welche Regeln würden Sie den Eltern empfehlen?

*Dr. Ebersberg:*
Schon die Auswahl eines passenden Geräts ist nicht so einfach. Das sollte man nicht auf die Schnelle im nächsten Elektromarkt erledigen. Aber viel wichtiger: Beim Smartphone handelt es sich um Konsumgeräte. Also muss die oberste Regel die klare Begrenzung des Konsums sein. Und damit das Kind lernt, Verantwortung zu übernehmen, sollte es auch an den Handy-Kosten beteiligt werden. Ein Teil des Taschengeldes sollte dafür reserviert werden.

*Moderatorin:*
Aber wie können denn die Eltern sicherstellen, dass ihr Kind verantwortungsvoll mit dem Smartphone umgeht?

*Dr. Ebersberg:*
Zum einen kann das Gerät mit Jugendschutz-Apps und anderen Sicherheitseinstellungen sehr gut gesichert werden, um zu verhindern, dass das Kind ungeeignete oder gefährliche Seiten aufruft. Aber allein damit ist es natürlich nicht getan.
Es verlangt von den Eltern ständige Begleitung. Sie müssen aufmerksam und präsent sein. Und sie müssen wissen, was ihre Kinder tun, welche Webseiten sie besuchen und welche Inhalte sie teilen.

*Moderatorin:*
Sollten sich die Kinder alleine auf sozialen Netzwerken bewegen dürfen?

*Dr. Ebersberg:*
Grundsätzlich sollten unter 14-Jährige noch keine sozialen Netzwerke nutzen. Teile des Gehirns, die unser Handeln und Verhalten steuern, befinden sich zwischen 9 und 14 in einer besonders sensiblen Phase. Sozialverhalten muss erlernt werden und das nur durch den direkten Kontakt mit anderen. Kommunikation im Netz kann das nicht ersetzen.

*Moderatorin:*
Was geben Sie unseren Hörerinnen und Hörern als Fazit mit?

*Dr. Ebersberg:*
Eltern sollten hinschauen, mit ihren Kindern sprechen und auch ganz offen über die Risiken im Netz und den sozialen Netzwerken sprechen. Dazu gehört auch, dass sie ihren Kindern vermitteln, dass man sich immer genau überlegen soll, was man teilt oder weitergibt, da Fehlverhalten ernsthafte und schwerwiegende Konsequenzen nach sich ziehen kann.

*Moderatorin:*
Vielen Dank, dass Sie heute bei uns zu Gast waren und unseren Hörerinnen und Hörern eine ganze Menge nützlicher Informationen zu diesem aktuellen Thema gegeben haben.

*Sie hören jetzt den Text noch einmal.*

*Ende Teil 2*

## Hören Teil 3

*Sie hören ein Gespräch mit mehreren Personen über Modelle der Altersvorsorge.*
*Sie hören den Text in vier Abschnitten jeweils einmal.*
*Zu jedem Abschnitt gibt es zwei Aufgaben. Wählen Sie bei jeder Aufgabe die richtige Lösung.*
*Vor dem Hören eines Abschnitts haben Sie 30 Sekunden Zeit, um die zwei Aufgaben zu lesen.*

*Lesen Sie jetzt die Aufgaben 16 und 17.*

*Moderatorin:*
Ich begrüße alle unsere jungen Hörerinnen und Hörer zu unserer Sendereihe „Nachgefragt". Heute möchte ich mit unseren Gästen Uta Ebeling vom Verein Unabhängige Rentenberatung e. V. und Herrn Sven Gersfeld, Anlageberater, über Altersvorsorge sprechen. Noch bis vor wenigen Jahren wurde immer wieder von der Politik beteuert, unser staatliches Rentensystem sei stabil, während in der letzten Zeit Stimmen immer lauter werden, die vor Altersarmut warnen und junge Menschen auffordern, zusätzlich eine private Vorsorge abzuschließen, um die staatliche Vorsorge zu ergänzen. Wie beurteilen Sie denn die aktuelle Situation?

*Herr Gersfeld:*
Die Rahmenbedingungen haben sich in den vergangenen Jahren stark verändert. Davon abgesehen, dass durch die Zinspolitik über viele Jahre die Sparer nichts mehr für ihre klassischen Einlagen bekommen, wirken sich niedrige Zinsen natürlich auch auf die Rentenkassen aus, wobei das nicht das größte Problem ist. Ein viel größeres Problem ist der demografische Wandel. Die Bevölkerung altert, die Lebenserwartung steigt und durch die niedrigen Geburtenraten kann das nicht kompensiert werden. Das bedeutet, dass immer weniger Arbeitnehmer in die Rentenkassen einzahlen und gleichzeitig immer mehr Menschen der geburtenstarken Jahrgänge das Rentenalter erreichen. Man muss kein Mathematiker sein, um zu verstehen, dass das auf Dauer nicht gutgehen kann.

*Lesen Sie jetzt die Aufgaben 18 und 19.*

*Moderatorin:*
Frau Ebeling, Sie beraten ja nicht nur die Menschen, die unmittelbar vor dem Renteneintritt stehen, sondern auch junge Menschen, die sich über ihre Rentenerwartungen informieren möchten. Was können Sie denn den jungen Menschen raten?

*Frau Ebeling:*
Es gibt natürlich kein allgemeingültiges Rezept, aber der grundsätzliche Rat ist, nicht zu zögern und früh anzufangen, sich mit dem Problem zu beschäftigen, auch wenn das Rentenalter noch in weiter Ferne liegt. Auch in Zeiten mit niedrigen Zinsen gibt es Investitionsmöglichkeiten, die für langfristige Einlagen moderate Rendite garantieren ohne zu großes Risiko. Vor hochriskanten Anlagen, die sofort hohe Renditen versprechen, würde ich abraten.

*Herr Gersfeld:*
Ich denke, die jungen Menschen müssen früh für das Thema sensibilisiert werden. Eine Umfrage unter 18- bis 32-Jährigen hat ergeben, dass ihnen zwar bewusst ist, dass im Alter die gesetzliche Rente nicht ausreicht, aber die wenigsten sorgen eigenständig vor. Das liegt zum einen daran, dass sie als Berufsanfänger oft nicht über ausreichende finanzielle Mittel verfügen, um in die Altersvorsorge zu investieren, aber andererseits auch daran, dass sie schlicht nicht wissen, wie man vorsorgen kann.

*Lesen Sie jetzt die Aufgaben 20 und 21.*

*Moderatorin:*
Und was kann man ihnen konkret raten?

*Herr Gersfeld:*
Wie man vorsorgen kann, obwohl die Möglichkeiten überschaubar sind, hängt natürlich stark von den jeweiligen Voraussetzungen ab. Die Palette reicht von privaten Rentenversicherungen über Aktien und Fonds, betriebliche Altersvorsorge bis hin zu Immobilienkäufen.

*Frau Ebeling:*
Ich versuche zunächst den jungen Leuten klar zu machen, wie viel staatliche Rente sie nach heutigen Bedingungen erwarten können, und erkläre ihnen auch, dass Wirtschaftswachstum, Geburtenrate, Zuwanderung, Inflation, Renteneinstiegsalter und weitere Faktoren sich massiv auf die Entwicklung der Renten auswirken können.
Aber grundsätzlich rate ich ihnen im Rahmen ihrer Möglichkeiten zu einer privaten Vorsorge, bei der der Staat noch Geld dazugibt, da gibt es ganz unterschiedliche Modelle. Die jungen Menschen müssen sich allerdings selbst darum kümmern, Vergleiche tätigen und Angebote einholen.

*Herr Gersfeld:*
Für viele meiner Kunden hat sich die Investition in Aktienfonds gelohnt. Schaut man sich die Entwicklung der letzten Jahre an, so war die Rendite meist ordentlich. Die jungen Leute, die zu mir kommen, haben zumeist auch schon recht konkrete Vorstellungen, was sie möchten, und kennen sich mit Wertpapieren schon etwas aus.

*Lesen Sie jetzt die Aufgaben 22 und 23.*

*Moderatorin:*
Sowohl die private Rentenvorsorge als auch die Anlage in Wertpapiere funktioniert ja aber nur bei denjenigen, die auch über die Mittel verfügen zu investieren. Aber was raten Sie denn Menschen ohne Ausbildung, Erwerbslosen oder Alleinerziehenden mit geringem Einkommen?

*Frau Ebeling:*
Da ist die Politik gefragt, es wird ja in letzter Zeit wieder verstärkt über ein bedingungsloses Grundeinkommen diskutiert. Es könnte zumindest die Sicherheit geben, nicht ganz mittellos dazustehen. Zudem berät die eingesetzte Rentenkommission über weitere Modelle, bei der auch betriebliche Altersvorsorge als Ergänzung der staatlichen Vorsorge immer wichtiger wird.

*Herr Gersfeld:*
Mir kommen da die skandinavischen Länder in den Sinn. In Norwegen und Schweden haben sie einen Staatsfond angelegt. Das heißt, der Staat legt Geld für seine Bürger am Kapitalmarkt an, meist in Aktien, aber auch in wertsteigernde Immobilien. Damit müssen sich die Bürger nicht selbst darum kümmern, aber profitieren von der Wertsteigerung. Man hat gute Erfahrungen damit gemacht und das Rentenniveau ist deutlich gestiegen.

*Ende Teil 3*

## Hören Teil 4

*Sie hören einen Vortrag über die Lichtverschmutzung. Sie hören den Text zweimal. Wählen Sie bei jeder Aufgabe die richtige Lösung.*
*Lesen Sie jetzt die Aufgaben 24 bis 30. Dazu haben Sie 90 Sekunden Zeit.*

Sehr geehrte Damen und Herren, willkommen zu meinem Vortrag!
Wenn wir an Umweltverschmutzung denken, dann haben wir wahrscheinlich zuerst Bilder von Plastikmüll in der Natur oder auslaufendem Öl nach einer Schiffshavarie vor Augen. Ich möchte mich in meinem heutigen Vortrag aber einer unmerklicheren Verschmutzung widmen, bei der kein Schutt im Wald landet oder giftige Substanzen in die Natur ausgebracht werden. Aber auch wenn diese Art der Verschmutzung nicht materiell ist – und auch nicht im Fokus der Öffentlichkeit – so sollten doch die Schäden, die sie anrichtet, nicht unterschätzt werden. Aber genug der Geheimnistuerei – die Rede ist von der Lichtverschmutzung. Was genau versteht man nun unter Lichtverschmutzung? Mit Lichtverschmutzung beschreibt man die Tatsache, dass es in manchen Gebieten der Erde – vor allem in Großstädten und großen Industrieanlagen – nie mehr völlig dunkel wird, wobei die Ursache für dieses Fehlen völliger Dunkelheit auf künstliche Lichtquellen zurückzuführen ist, die aus praktischen,

aber auch künstlerischen Gesichtspunkten die Nacht erhellen. Besonders in der Kritik stehen dabei Lichtquellen, die das Licht ungebremst nach oben abstrahlen. Sie können nicht nur Verkehrsteilnehmende blenden, sondern erhellen auch unnötig den Himmel und stören so nachtaktive Tiere. In dem Begriff der Lichtverschmutzung ist schon die Kritik an dieser – umweltschädlichen – Erhellung der Nacht enthalten. Welche schädlichen Einflüsse hat jetzt der Mangel an Dunkelheit? Der Mangel an Dunkelheit führt zu zahlreichen störenden Einflüssen: Als erstes möchte ich die Auswirkungen auf das Tierreich erwähnen. Uns allen ist als Alltagsphänomen bekannt, dass Nachtinsekten von künstlichen Lichtquellen angezogen werden – und an dieser Anziehung zugrunde gehen. So trägt die Lichtverschmutzung durch immer mehr künstliche Lichtquellen in einem nicht unerheblichen Maße zum Insektensterben – vor allem der nachtaktiven Insekten – bei, das in den letzten Jahren in seiner Problematik immer umfassender erkannt wird. Aber auch weniger gravierende Folgen sollen hier erwähnt werden: Kunstlicht stört die Orientierung von Zugvögeln.

Die Wachstumszyklen von Pflanzen werden gleichfalls von den künstlichen Lichtquellen beeinflusst, unter Beleuchtung wachsen Pflanzen schneller: Wenn dieser Effekt auch gerade bei der Zucht und Erzeugung von Nahrungspflanzen erwünscht ist und oft zum Einsatz kommt, so ist doch ein negativer Effekt z. B. auf Bäume in der Großstadt zu bemerken, die ihre Blätter verspätet verlieren und so unter Frostschäden leiden. Auch der Mensch leidet unter der zu hellen Welt – so werden die zunehmenden Schlafstörungen auf die zu helle Umgebung zurückgeführt. Und auch die Forschung ist in Gefahr: Es wird zusehends unmöglich, Orte auf der Erde zu finden, an denen es dunkel genug für astronomische Beobachtungen ist. In den Großstädten und ihrer Umgebung sind die Milchstraße und die dunkleren Sterne wie auch Sternschnuppen kaum mehr zu beobachten. Was für Hobbysterngucker ein Verlust an Naturerfahrung ist, kann aber die astronomische Forschung stark erschweren und auf lange Sicht unmöglich machen.

Dagegen mag das Kostenargument ein bisschen kleinlich erscheinen, aber es handelt sich bei der nächtlichen Festbeleuchtung auch um eine gigantische Energieverschwendung. Zugegeben: Niemand hat bis jetzt ausgerechnet, wie viel der nächtlichen Beleuchtung überflüssig ist – und das ist auch schwer festzustellen. Denn neben der vielen negativen Auswirkungen der Aufhellung der Nacht dürfen wir den Sicherheitsaspekt nicht vergessen. Licht zum Sehen und Gesehenwerden macht Mobilität in der Nacht sicherer, da es Gefahrenstellen erkennbar macht, es schützt Menschen vor Überfällen und ist ein großes Stück Freiheit und Selbstbestimmung – nicht nur für Frauen. Es geht also nicht darum, der Menschheit das Licht abzudrehen, sondern darum, ein Problembewusstsein für diese Art der Umweltverschmutzung zu schaffen, sodass bei der Planung von neuen Lichtquellen für staatliche, aber auch für private Vorhaben auch ein durchdachter Umgang mit Beleuchtung mit einbezogen wird.

Und nicht zuletzt können wir uns als Menschen dann daranmachen, das „Abenteuer Nacht“ wieder zu erleben!

*Sie hören jetzt den Text noch einmal.*

*Ende Teil 4*
*Schreiben Sie jetzt Ihre Lösungen auf den Antwortbogen. Dazu haben Sie drei Minuten Zeit.*
*Ende des Moduls Hören.*